EXPOSITION UNIVERSELLE DE 1867
A PARIS

RAPPORTS DU JURY INTERNATIONAL
PUBLIÉS SOUS LA DIRECTION
DE M. MICHEL CHEVALIER

PRODUITS DE L'IMPRIMERIE
ET DE LA LIBRAIRIE

PAR

M. PAUL BOITEAU

MEMBRE DU JURY, GROUPE II, CLASSE 6.

PARIS
IMPRIMERIE ET LIBRAIRIE ADMINISTRATIVES DE PAUL DUPONT
45, RUE DE GRENELLE-SAINT-HONORÉ, 45

1867

L'IMPRIMERIE ET LA LIBRAIRIE

A L'EXPOSITION DE 1867

EXPOSITION UNIVERSELLE DE 1867
A PARIS

RAPPORTS DU JURY INTERNATIONAL

PUBLIÉS SOUS LA DIRECTION

DE M. MICHEL CHEVALIER

PRODUITS DE L'IMPRIMERIE

ET

DE LA LIBRAIRIE

GROUPE II, CLASSE 6

PAR

M. PAUL BOITEAU

PARIS

IMPRIMERIE ET LIBRAIRIE ADMINISTRATIVES DE PAUL DUPONT

45, RUE DE GRENELLE-SAINT-HONORÉ, 45

1867

L'IMPRIMERIE ET LA LIBRAIRIE

A L'EXPOSITION DE 1867

Les produits qui, dans la classe 6, ont été soumis à l'examen du Jury, sont : 1° des spécimens de typographie, y compris les matrices, les caractères et le matériel mobile de l'imprimerie; 2° des épreuves autographiques, lithographiques et chromolithographiques; 3° des gravures ou des impressions de gravures en creux ou en relief; 4° des livres et des éditions de tous les genres d'imprimés.

Les machines, les papiers, les encres, les couleurs, que la typographie, la lithographie et la gravure emploient, ont été examinés par le Jury des classes 7 et 59.

Après avoir rendu compte des produits exposés, et parlé même, quand il y avait lieu, des parties de l'industrie typographique qui n'ont pas figuré à l'Exposition, nous entrerons dans quelques détails sur la situation de l'imprimerie et de la librairie en France.

la

CHAPITRE I.

FONTE, CLICHAGE ET MATÉRIEL DE L'IMPRESSION.

§ 1. — Gravure et fonte des caractères

Il est assez fréquent d'entendre dire que le plus beau caractère d'imprimerie est celui dont se servent les Anglais, et que les Allemands, en le leur empruntant plutôt que de prendre le nôtre, portent témoignage en leur faveur. Mais, d'abord, il n'est pas tout à fait exact de dire que les Allemands ne se servent que du caractère anglais, et nos fondeurs se plaignent même de voir leurs types contrefaits sans aucun déguisement de l'autre côté du Rhin; ils s'en plaignent jusqu'à demander que les traités de commerce les protégent, et rien, en outre, n'autorise à déclarer que les types de l'Angleterre, qui sont solidement assis, très-réguliers et bien lisibles, soient les plus beaux qu'on ait dessinés, gravés et fondus.

Nous avons dans nos impressions françaises des modèles encore plus parfaits, d'une fermeté presque égale et d'une élégance supérieure. Ceux de Firmin Didot, si goûtés il y a cinquante ans, et que l'Imprimerie impériale a employés en les retouchant, ceux qui en sont dérivés et qu'elle emploie encore, ne peuvent être tout à coup considérés comme au-dessous de la réputation qu'ils ont eue.

Ce qui est vrai, c'est que depuis 1830, grâce peut-être aux caprices du romantisme, les éditeurs et les auteurs ont demandé aux imprimeurs et aux fondeurs de varier leurs lettres, et qu'on a été inondé de tous les genres et de toutes les « sortes » qu'il a plu aux uns et aux autres d'inventer, de telle façon que, aujourd'hui encore, le goût hésite. Il y a plus : si, comme autrefois, le métier d'imprimeur ne s'était pas divisé en quatre ou cinq métiers différents, si chacun faisait son encre (ce qui n'est pas nécessaire, sauf pour les beaux tirages de planches), si chacun gravait et fondait ses types, les fondeurs n'existeraient pas et n'auraient nul intérêt à faire changer de temps en temps la mode pour avoir plus d'ouvrage. Le caractère d'usage serait le même partout, comme en Angleterre, ou du moins ne présenterait que peu de différences dans les diverses imprimeries.

Notre richesse prétendue, qui gonfle le volume de l'album où nos fondeurs étalent leurs spécimens, n'est donc pas un avantage, et cette abondance ne l'emporte pas sur la stérilité. Tout à l'heure, nous verrons que l'Imprimerie impériale elle-même semble vouloir modifier ses types, sans peut-être savoir comment. Ce serait fâcheux, car il faut qu'elle maintienne, elle du moins, les traditions de la bonne imprimerie, et il ne lui est pas difficile, avec les types qu'elle possède, de continuer à faire de très-belles pages.

Le progrès dans l'art du graveur et du fondeur, c'est d'arriver au plus haut degré de précision de la gravure ; pour que la mise en train des impressions devienne de plus en plus facile, c'est de chercher la composition métallique la plus résistante, sans sécheresse, sans aigreur ; c'est aussi d'atteindre les limites extrêmes du bon marché, sans que la solidité des types en soit atteinte.

Dans l'état présent des choses, nous avons encore des assortiments convenables chez nos fondeurs : que nos imprimeurs sachent les choisir et que les graveurs s'appliquent à rectifier tout ce qui, dans le dessin de nos types, nuit à la plénitude et à la perfection de l'alignement.

Le goût archaïque des lettres elzéviriennes et des lettres du XVIe siècle a pu paraître à quelques-uns un moyen d'améliorer peu à peu l'imprimerie. Cette prétention nous paraît résulter d'une faute de jugement. On ne fera pas reculer la typographie : ce n'est point possible, et ce ne serait à désirer que si nous n'avions pas eu des livres comme l'*Horace*, le *Virgile*, le *Racine*, le *Camoëns* de Pierre et de Firmin Didot.

La copie des beaux modèles du passé n'est pas une preuve de mauvais goût en elle-même, quand l'époque présente n'a pas de style à elle; et c'est ainsi que dans l'architecture et l'orfèvrerie nous ne vivons plus que d'imitations; mais il ne faut pas se faire un système d'imiter des temps lointains, et il est mieux de suivre la chaîne des traditions et de continuer d'âge en âge l'œuvre du génie national. Or, il doit y avoir quelque chose, bien peu de chose, mais quelque chose enfin, qui, dans les caractères d'impression comme dans les autres créations françaises, porte le cachet du peuple que nous sommes et du temps même où nous vivons.

La solidité des caractères anglais permet aux libraires anglais de faire des livres qui ont un aspect, et d'imprimer des journaux lisibles; mais la qualité de leur papier y est pour beaucoup, et ni le papier, en somme, ni le caractère ne les aident à sortir d'une certaine moyenne. Dès qu'il y a œuvre d'art à faire, la main n'y est plus. On serait moins empêché en Allemagne, où cependant les types ne sont pas toujours si bien choisis qu'on le suppose chez nous.

Si on veut absolument trouver quelle est la différence du caractère français aux caractères de l'Angleterre et de l'Allemagne, on finira par voir que nous avons en général des lettres moins larges que les Anglais et moins hautes que les Allemands. Nos lignes, dans les beaux ouvrages, ont un air moins lourd ou moins noir, et ce n'est pas un mal. Soyons donc moins amoureux des bigarrures et des variétés, et nous n'aurons rien à envier à personne. Les caractères sont fabriqués chez les Anglais par pression, et non par percussion comme chez nous. Leur cuivre à matrices est durci au lieu d'être amolli; les matrices elles-mêmes sont mieux justifiées, et enfin, pour toutes ces raisons, les fontes anglaises sont plus égales et les types plus solides. C'est à nous d'améliorer nos moules et à faire nos fontes mécaniquement, comme eux, avec une continuelle précision. Nos chiffres sont meilleurs que ceux des Anglais, ceux du moins dont on se sert dans les livres sérieux, car les fondeurs qui ont une clientèle à caprices en ont imaginé de bien singuliers. Et pour nos fleurons et nos vignettes, ni l'Allemagne, ni l'Angleterre n'approchent de ce que nous savons faire, en très-grande partie, grâce à M. Derriey, artiste, s'il en fut, dans la typographie d'élégance.

On n'aime pas beaucoup les langues étrangères en France, particulièrement celles qui s'écrivent en d'autres caractères que les nôtres. Les Allemands et les Anglais sont plus sages et s'en instruisent plus volontiers. Ils impriment donc plus de livres orientaux. En France, l'Imprimerie impériale, à peu près, seule s'en occupe, et nos fondeurs ne sont pas excités à produire les types que ces livres demandent. Exceptons ce laborieux Marcelin Legrand qui, de lui-même, vers 1840, entreprenait, à ses risques et périls, de graver les 50,000 caractères de la langue chinoise, et qui vendit à la fin ses frappes à Berlin, en Amérique et jusqu'en Chine. Sa maison est devenue celle de MM. Virey frères, qui exposent, avec leurs caractères, des clichés de bronze et de fonte (1).

MM. Laurent et Deberny et MM. René et Cie, seraient tout prêts à travailler au progrès dont l'imprimerie a besoin. Rien ne leur manque, ni le matériel, ni le personnel. Les premiers sont les fournisseurs habituels de la province; ils sont connus des amateurs par le corps de deux points et demi qu'ils ont fondu en 1844, et qui a servi à imprimer une *Imitation* (2), comme le deux et demi de Henri Didot a servi à imprimer un *La Rochefoucauld* et un *Horace*. Les seconds possèdent la plus grande fonderie de France, longtemps appelée la « Fonderie générale », et composée des établissements de Didot, d'Éverat, de Crosnier, de Molé, de Tarbé, de

(1) Voir plus loin l'article *Clichage*, page [illegible]

(2) En 1855, ils ont exposé un *Gresset*, du corps de deux points trois quarts (On sait que, dans la typographie, le *point* c'est la sixième partie de la *ligne* ancienne.)

Lion et de Laboulaye frères. Dans leur exposition, il y avait des caractères typographiques pour la musique (1).

M. Lœuillet est l'un de nos plus anciens praticiens. Dès 1839, on a récompensé une « cursive » de son invention. Il a produit depuis un bon javanais et d'autres séries étrangères. Ses types sont fermes et élégants.

Nous parlerons, au chapitre de l'imprimerie et de la librairie, d'un très-beau livre qui n'est encore qu'à l'état de préparation, les *Saints Evangiles* de MM. Hachette. Les types de ce livre, dessinés par M. Rossigneux, ont été gravés par M. Viel Cazal, et fondus chez MM. René et Cie. Les caractères, généralement purs, qu'emploie M. Mame, lui sont fournis par les maisons Laurent et Deberny, René, Virey et Cie, qui se guident sur ses indications. Une fois dans le commerce, le premier emploi de ces types les fait rechercher des imprimeries.

De beaucoup le plus habile de nos graveurs et fondeurs de filets et de vignettes, est M. Ch. Derriey qui, en 1862, a eu tant de succès avec son *Album*. On le retrouve à l'Exposition de 1867, mais il n'avait pas grand'chose à y mettre de plus. Cet album, avec ses mille créations, demeure une des belles pièces de notre industrie (2). Les vignettes métriques qui se composent et se décomposent à l'infini, dues à Petitbon, et exposées en 1844, sont aussi une invention française, si l'on peut se servir ici du mot.

(1) Voir l'article *Musique*, au rapport de la classe 10.

(2) M. C. Derriey, typographe lui-même et constructeur, ne fabrique pas seulement vignettes, caractères ornés, traits de plume, musique et plain-chant, réglure mobile, cadrats cintrés, filets ordinaires, pointillés et guillochés, coins, passe-partout, fonds d'actions, interlignes, garnitures, etc. Il a établi de bonnes presses, une, entre autres, pour estampiller, folioter et numéroter (*Voir classe* 59), un châssis mécanique pour numéroter à la forme actions et billets de banque, des numéroteurs mécaniques à la forme, à la presse, à la main ; un compoir biseautier avec ou sans crémaillère pour une machine à pointer, pour « registres » ou ajustement parfait des feuilles, des châssis ajustés avec réglettes d'acier à vis pour serrage. Tout le matériel de l'imprimerie a été ainsi l'objet de ses soins ingénieux.

Il est à propos de citer ici l'exposition de M. Boildieu, qui a mis sous les yeux du public tout le détail de ce matériel, y compris les applications galvanoplastiques.

Quant aux inventions, il n'y en a guère. Les faits à signaler, ce serait, dans l'ordre intellectuel, une disposition des fondeurs et des imprimeurs de Paris, un peu sensible déjà, à sortir de l'inextricable et nuisible variété des types de fantaisie, et l'emploi plus répandu de la machine américaine à fondre, dont il sera question dans le rapport de M. Laboulaye (classe 59).

Pour la durée des caractères eux-mêmes, on sait qu'on emploie l'aciérage galvanoplastique obtenu au moyen d'une dissolution de chlorure double de fer et d'ammoniaque. Ce procédé, toutefois, n'est pas encore usuel. M. Petyt (Exposition de 1849) avait proposé de fabriquer les caractères avec du fil de cuivre étiré et estampé à froid, au lieu de les couler en métal fusible. Cette idée n'a pas eu de suite. Il en a été même d'une invention de M. Cardon, de Troyes (Exposition de 1855), qui formait les caractères de deux métaux comprimés. Le corps ou support de la lettre était en matière ordinaire, l'œil était en cuivre.

Le clichage, soit par fusion de matière d'imprimerie (plomb et antimoine), soit par la galvanoplastie (cuivre ou acier), remédie à l'altérabilité des caractères, et il finira même, si l'imprimerie ne se développe pas plus vite encore, par diminuer le rôle du fondeur dans la typographie.

§ 2 Clichage et galvanoplastie.

Le clichage des formes d'imprimerie est très-ancien ; mais dans la pratique, le mot « stéréotypie » a précédé le mot « clichage. »

En 1786, Hofmann avait essayé de prendre l'empreinte de pages de caractères avec une pâte composée de plâtre, de gomme et de fécule. Un alliage très-fusible de bismuth était versé dans la matrice et reproduisait les pages en relief. On parvint à faire sur ces reliefs le tirage d'un ouvrage en trois volumes in-8°, les *Recherches historiques sur les Maures*, de Chénier; mais le procédé parut trop défectueux et fut abandonné. C'était un véritable clichage.

Vers la même époque, Carez, de Toul, faisait de la stéréotypie ou des formes solides et d'un même bloc, en plongeant des pages de caractères serrés dans du plomb prêt à figer. La difficulté était grande pour obtenir la contre-épreuve. Firmin Didot, en 1796, imagina de durcir le métal des caractères, de les raccourcir un peu, et de les imprimer, par pages, d'un coup de balancier dans une plaque de « plomb vierge », puis de fondre un relief dans la matrice ainsi obtenue. Herhan, son ancien associé, préféra fondre, par une seule opération, un relief de cuivre dans des pages composées non de caractères, mais de matrices. Pour ses stéréotypes, Firmin Didot, au lieu du mélange habituel de 50 parties de plomb contre 18 d'antimoine, employait 20 parties de cuivre, 30 d'étain et 50 d'antimoine. La planche stéréotypée ne pesait plus que 9 kilogrammes, tandis qu'en caractères mobiles elle en eût pesé 60, grand avantage par l'économie du matériel et par la facilité du maniement des formes.

Le premier livre ainsi imprimé, un *Virgile*, parut en 1799. Le prix de ce volume, dont on a pu voir un exemplaire de choix dans les salles de l'Histoire du Travail, était de 75 centimes. Ce bon marché fut mal accueilli des libraires qui, alors, étaient loin de beaucoup vendre, et qui n'imaginaient rien de mieux que de gagner gros sur un débit de peu d'ouvrages.

Le défaut de la stéréotypie, c'est qu'on ne pouvait corriger le texte qu'après avoir composé, cliché, et fait épreuve. Lord Stanhope, à qui l'on doit aussi une presse perfectionnée à bras, imagina le procédé de clichage au plâtre ou à la poudre d'albâtre. Ce ne fut qu'en 1818 que ce procédé fut adopté en France. Il ne donne pas une impression plus nette que la stéréotypie de Herhan ou de Didot, mais il est moins dispendieux, plus rapide et infiniment plus commode.

En cherchant à améliorer, on pensa qu'il serait possible de mouler les pages de caractères dans un creux de papier et de mastic, ayant la propriété de sécher et de durcir très-vite. M. Petin fut le premier à y réussir, et M. Alexandre Curmer, le frère de l'éditeur, contribua plus qu'un autre à rendre le clichage au papier excellent. Aujourd'hui on n'emploie plus guère le plâtre, et c'est au papier et au blanc d'Espagne mêlés que l'on cliche dans les imprimeries. Les empreintes n'ont pas besoin d'être utilisées sur-le-champ, grand avantage pour les cas où l'on ne sait point si on aura besoin de faire un nouveau tirage ; et, en même temps, elles offrent celui de pouvoir recevoir la pâte métallique du cliché, pour ainsi dire à l'instant même. De plus, le papier permet de prendre des empreintes et de faire des clichés circulaires, que certaines machines rapides emploient.

Le clichage au papier a rendu principalement service à l'impression des journaux à grands tirages. Pour les mettre à temps à la disposition du public, il fallait faire autant de compositions différentes qu'on employait de machines ; à présent, il suffit d'une composition sur laquelle on fait tous les clichés dont on a besoin. C'est ainsi qu'au fort de la vente d'un journal populaire, qui a eu, qui a encore une grande vogue, *le Petit Journal*, de deux heures à trois heures dix minutes, chaque jour, l'imprimerie Serrière a cliché vingt-quatre compositions, et, de quatre heures à six heures et demie, effectué le tirage entier avec des machines donnant 6,000 exemplaires à l'heure.

En moins de trois heures aujourd'hui, grâce au clichage et aux machines rapides, 89 ouvriers et 9 machines tirent 120,000 feuilles. Il y a trente ans, il eût fallu 1,520 ouvriers pour la même production et 100 presses, personnel et matériel qu'on ne trouve nulle part. Mais, dans les belles impressions, le clichage n'est pas usité ; et c'est ainsi que M. Mame tire ses ouvrages, autant qu'il est possible, sur les caractères mobiles.

Vers 1840, M. Colson a introduit le fer dans l'alliage de la matière d'imprimerie. La durée des types en a triplé, ce qui permet de bien plus longs tirages avec un caractère toujours net. En 1850, un Américain a employé la galvanoplastie pour déposer du cuivre sur l'œil des lettres ; et depuis, comme nous l'avons dit, on y a mis ce qu'on appelle de l'acier, quoique ce soit du fer. Le *Journal pour Tous* a été un moment tiré à 100,000, sans usure visible, sur des types aciérés (1).

Ces derniers procédés sont difficiles encore à pratiquer dans la fabrication des caractères et des clichés d'imprimerie, quoique, à Nordhausen, en 1848, et même bien auparavant en Allemagne, on soit arrivé à fondre des pages de texte en fer ; mais on s'en sert avec profit pour les gravures en relief, qui, intercalées dans le texte, se tirent typographiquement.

D'abord, les « bois » se clichaient dans du plomb en fusion, mais juste au moment de se figer. L'opération était délicate : trop chaud, le plomb brûlait ou faisait fendre le bois ; trop froid, il en écrasait les traits fins. En outre, la matière de plomb ainsi obtenue se fondait à son tour ou s'écrasait, suivant que la matière versée était trop chaude ou trop froide. Les clichés bitumineux de M. Michel, qui datent de 1832, ont obvié à ces inconvénients. Ils ont supporté souvent de longs tirages ; mais à la fin on s'est aperçu qu'ils se desséchaient et se gerçaient, et on a eu recours à la galvanoplastie, par le moyen d'une empreinte de gutta-percha et d'un dépôt de cuivre dans l'empreinte. Tout cela est facile à dire, mais il a fallu bien des recherches et du temps pour obtenir ces clichés délicats. C'est M. Coblence, ancien compositeur à la *Gazette des Tribunaux*, qui a trouvé le procédé employé maintenant. Aidé de M. Best, il s'est mis à l'étude dès 1845. On a eu surtout beaucoup de peine à souder la coquille métallique et à la disposer pour l'impression. La galvanoplastie a été employée aussi pour mettre en relief les gravures en creux, et ce sont préférablement les dépôts dits d'acier qui servent pour les

(1) Le nettoyage des caractères typographiques, des clichés et des bois s'exécute généralement au moyen de l'essence de térébenthine et de dissolutions de potasse caustique, puis de lavages à l'eau. L'usage de l'essence de pétrole paraît préférable et en même temps plus économique. Le nettoyage peut même s'opérer sous presse sans que le travail soit interrompu.

planches de cuivre gravées en taille-douce. On a tiré sur des planches de ce genre de bonnes épreuves, des œuvres de nos premiers graveurs, Henriquel Dupont, Calamatta, Martinet, et la Carte de France du dépôt de la guerre.

Dans la librairie, l'emploi des clichés se généralise. Les éditeurs pour les ouvrages dont ils ne peuvent déterminer d'avance l'écoulement, préfèrent économiser les frais de papier et de tirage et faire les frais d'un cliché ou, du moins, d'une empreinte dans laquelle il est facile, au moment voulu, de verser le métal (1).

Nous avons vu à l'Exposition des clichés et des empreintes au papier de plusieurs pays. Ceux des Allemands sont dressés soigneusement. Le soin est, du reste, le propre de tout leur travail typographique. On a inventé, en France, les « blocs » légers et mobiles, qui ont succédé aux blocs pleins de bois desséché et de plomb (Voir, en 1844, l'exposition de MM. Dubault, Renault et Constance), sur lesquels se placent les pages de composition pour la mise en forme et le tirage ; mais c'est en Allemagne que l'ajustement des blocs est le plus régulièrement exécuté.

Caractères de musique. — Dans les premiers temps, la musique s'est imprimée au moyen de deux ou trois tirages successifs, méthode pleine de difficultés. Petrucci réussit le premier à se servir de caractères mobiles auxquels une partie des portées était attachée. Enschedé de Harlem (cette maison subsiste et a exposé en 1867); Breitkopf, en Allemagne (sa maison subsiste aussi et a exposé) ; Reinhard, [illegible]rnier, Olivier ont suivi cette voie qu'ont reprise, de notre temps,

(1) Comme le clichage ne sert qu'à des impressions ordinaires, il n'y a pas grand inconvénient à ce que des clichés passent d'imprimerie en imprimerie, au gré de l'éditeur ; mais la loi exigeant une signature d'imprimeur à chaque édition, et considérant chaque tirage comme une édition nouvelle, il faudrait lorsque l'impression est faite par un imprimeur qui n'a pas composé le texte en caractères, que l'édition portât une indication comme celle-ci : « Tiré chez Bourdier, sur les clichés de la typographie de Lahure. »

MM. Tantestein et Cordel. Mais d'abord il fallait beaucoup trop de sortes diverses et l'impression était très-coûteuse. Ce nombre de sortes a été réduit, et le défaut des raccords toujours visibles a été évité par le clichage des planches que l'on corrige sur la contre-épreuve.

Vers 1830, M. Duverger inventa un procédé qui fut accueilli avec une grande faveur. On trouvait l'impression fort belle, et la composition permettait de tirer jusqu'à 25,000 exemplaires, tandis que la gravure en creux, sur étain, système employé depuis le XVIIe siècle (1), ne pouvait en fournir que 4,000. De plus, avec la méthode usuelle, il fallait huit « retirations » à 15 francs pour tirer à un mille une feuille de papier jésus, et le tirage typographique, fait d'un seul coup, ne coûtait que 3 francs pour la feuille entière. Mais ce procédé n'a pas tenu ce qu'il promettait, non plus qu'un autre proposé en 1839 par M. Derriey. M. Duverger composait sa musique, note par note, trait par trait, en enfonçant les caractères dans une plaque de plomb, sur laquelle il traçait ensuite les portées au tire-ligne. On clichait alors, pour avoir un relief. On pouvait aussi ne tracer les portées que sur l'empreinte en plâtre.

Malgré toutes les études faites, la composition et l'impression de la musique n'étaient pas jusqu'à ces derniers temps (du moins pour les œuvres de musique pure, sans texte typographique) arrivées à un tirage plus économique que celui des planches d'étain gravées en creux au tire-ligne et au poinçon. On a essayé de graver en relief sur pierre ou sur bois, puis d'obtenir un relief galvanoplastique en cuivre. Mais ce n'est pas là un procédé qui semble actuellement praticable. Le report sur pierre et le tirage lithographique de la musique, gravée d'abord en taille-douce, permet enfin de faire beaucoup mieux, et à si bon marché même qu'on va vendre 15 centimes un petit solfége de 50 pages.

(1) Voyez le rapport de M. Fétis, classe 16.

En ce moment, on a obtenu de bons résultats par la pyrostéréotypie. L'Imprimerie impériale expose de la musique ainsi faite. La pyrostéréotypie est un emploi de la « machine à brûler » des graveurs pour l'impression sur étoffe, machine trouvée en Irlande il y a quelque vingt ans, et qui justement servit d'abord à l'impression de la musique. Elle a été importée chez nous par M. Wals, et perfectionnée par M. Carbonnier. Elle donne, si l'on peut parler ainsi, « de la gravure fondue. » Un tiers de bismuth, joint à l'étain et au plomb, rendrait le métal excellent : il est fâcheux qu'il coûte si cher.

Cartes géographiques. — Nous verrons, à l'article de la lithographie, comment les cartes, dessinées sur pierre par le report, se tirent et se colorient à bien meilleur marché que celles qui sont gravées sur acier, sans être beaucoup moins belles. On a voulu plusieurs fois tirer la géographie typographiquement : ainsi Firmin Didot et M. Duverger, il y a trente ou quarante ans déjà. Celui-ci dessinait sa carte avec des lignes de cuivre dans une plaque de plomb. On obtient maintenant l'impression et même le coloriage typographique en se procurant par la galvanoplastie un relief de planches gravées soit en relief, soit en creux, et en décomposant la carte en autant de clichés qu'il y a de couleurs à tirer. L'Imprimerie impériale a exposé de ces tirages.

§ 3. — Papier, encre, etc.

Avant d'arriver à la typographie même, nous croyons devoir présenter quelques observations sur le papier et l'encre de nos impressions.

Papier. — Matière plus qu'indispensable dans l'imprimerie, le papier n'est pas, en France, ce que l'imprimerie aurait besoin qu'il fût. Si la mécanique a permis de le fabriquer à meilleur marché et sans fin, depuis l'invention de Didot Saint-Léger, elle en a modifié profondément et irrémédiablement la contexture. La fibre était feutrée par le travail à la main, et nous n'avons plus qu'une pâte cassante, que le mélange du plâtre et du kaolin vient encore altérer. Ce papier nouveau, d'une surface unie et que le glaçage adoucit, est favorable en un sens au travail de l'impression ; il reçoit mieux la marque du caractère et des gravures; mais ce n'est là qu'une commodité de métier et que le plaisir d'un moment pour l'œil; en peu de temps la feuille imprimée subit l'influence de l'air et du maniement ; elle se rompt, se pique, se tache, se désagrége, et déjà l'on a vu périr des livres dont on avait vanté le papier épais, brillant, poli.

Les riches amateurs ne s'affligent pas de ce mal, parce que pour les beaux livres, il se fait ordinairement des tirages sur papier de choix et que les éditeurs emploient pour cette clientèle, des papiers faits à l'ancienne manière, c'est-à-dire à la cuve et vergetés. Quelques-uns même croient que les « vergeures » et les « pontuseaux », marques des appareils imparfaits d'autrefois, sont nécessaires à conserver pour qu'un papier soit bon. C'est une puérilité. Ces reliefs et ces rayures ne font que gêner l'impression. L'essentiel, c'est la qualité de la pâte; or, nos chiffons ordinaires, blanchis au chlore, usés avant d'être mis au pilon, usés encore par les acides, ne peuvent fournir une pâte consistante, d'autant plus que le lin est devenu rare pour les besoins de l'imprimerie et que le coton même le devient.

A défaut de mieux et en attendant les inventions, c'est au collage qu'il faut demander le remède de cette maladie presque impossible à éviter de nos papiers à bon marché. Le papier des Allemands est collé dans la perfection ; celui des Anglais est d'une fermeté, d'une imperméabilité bien connue (1). La colle animale lui donne un ton d'ivoire et un onctueux qui ne messied pas à un livre, mais qui ne convient plus à l'estampe.

(1) Voyez le rapport de M. Roulhac (classe 7). Remarquons qu'en bien des cas les papiers anglais ne sont pas encore parfaits. Ceux qui s'emploient en particulier pour la lithographie sont très-blancs, mais trop secs.

Cherchons à nous procurer ces avantages. Les éditeurs et le public se plaignent du fabricant de papier, mais celui-ci ne fait après tout que donner ce qu'on lui commande, du papier au plus bas prix possible. C'est au public, au libraire, à l'imprimeur à ne pas sacrifier toujours la qualité au bon marché, dès qu'il s'agit de livres destinés à entrer dans une bibliothèque : car des journaux et des petits livres élémentaires peu importe la durée : ce qu'il faut, c'est qu'ils se répandent partout, comme l'eau des fontaines.

Encre d'imprimerie. — Le noir brillant et pur du xve et du xvie siècle dégénère à la fin du xviie siècle, et surtout au xviiie. On voit alors l'huile sortir du caractère en quelque sorte et jaunir les contours des mots.

Cet inconvénient n'est plus à craindre, dit-on : mais, si la couleur de l'encre est enfin redevenue fixe, n'y a-t-il pas, surtout pour les ouvrages de luxe, à regretter qu'on n'emploie pas le noir absolu d'autrefois et qu'une teinte de bleu métallique fasse trop chatoyer l'impression ? Cette moirure est quelquefois déplaisante dans le tirage de nos plus riches gravures sur bois. Il ne semble pas, du reste, que nous ayons maintenant à nous plaindre de nos encres ordinaires et à envier celles de l'Angleterre (1) ou de l'Allemagne, car il est à croire qu'une impression qui n'a pas bougé depuis dix ans supportera le poids des siècles comme celle des Alde et des Estienne et de Schœffer lui-même (2).

(1) Les spécimens d'encres anglaises exposées étaient assez nombreux. La fabrique *Alexandra*, de Londres, offre, par son prix-courant, un noir pour journaux, à 1 fr. 50 le kilogramme rendu à Paris. L'encre de journal est la moins chère de toutes. Ainsi, elle coûtera 1 fr. 80, 2 fr. 60, 3 fr. le kilogramme qualité ordinaire, 2 fr. 60 et 3 fr. l'extra, quand l'encre des livres vaut 5, 6, 6 7 fr. 25, 9 fr. 80, 12 fr. 25, suivant les qualités, et l'encre à imprimer les bois, 15 fr., 11 fr. 30, 20 et 25 fr. (Prix des fabriques anglaises.)

(2) L'encrage a été amélioré depuis longtemps déjà par l'invention des rouleaux gélatineux qui ont remplacé les rouleaux de peau comme ceux-ci avaient succédé au tampon pénible. Les premiers essais de ces rouleaux paraissent avoir été faits en Angleterre vers 1810. En France, c'est le chimiste Gannal qui, en 1819, en a indiqué la composition à un prote de l'imprimerie [illegible]

Machines. — L'antique presse à bras qui vécut trois siècles presque sans modification, que lord Stanhope, puis l'américain Clymer, perfectionnèrent (vers 1820), disparaît peu à peu, et on approche du temps où il n'existera plus de « pressiers », sauf pour le tirage de quelques petits travaux de ville et des couvertures de volumes. La machine fait l'ouvrage de la presse à bras, le fait aussi bien, bien plus vite et plus régulièrement. Elle sert depuis longtemps même au tirage des gravures sur bois et elle a été enfin appliquée aux tirages lithographiques. Il a même été trouvé une assez bonne machine pour imprimer à deux couleurs. M. Danel, de Lille, en a une pour opérer les poudrages métalliques sur couleur. On verra au compte rendu de la classe 59 quelles sont les modifications que les presses mécaniques ont reçues dans ces derniers temps. On assure qu'en Angleterre, pour les grands tirages, la maison Applegath, celle qui a donné à l'imprimerie la machine verticale, en a construit une qui peut tirer 25,000 exemplaires à l'heure et qu'il n'est pas impossible d'arriver à tirer le double. En France, M. Marinoni cherche à rivaliser avec les constructeurs anglais. Cette rapidité vertigineuse serait un miracle dont on peut encore se passer, puisque le clichage suffit aux tirages actuels et qu'aucun journal n'a besoin d'être tiré à 4 ou 500,000 exemplaires en quelques heures. Quant à la manière d'imprimer qui, en 1867, a le plus intéressé le public, c'est « la presse sans encre » de M. Leboyer; ce n'est qu'un jeu d'enfant jusqu'à présent. Combien de fois en effet, à l'école, ne nous sommes nous pas amusés à frotter un papier de poudre de crayon de couleur, noir, rouge ou bleu, à le retourner sur un autre papier, puis à tracer sur

Il les formait de gélatine et de sucre; par économie, on les fait avec de la mélasse et de la colle forte. Leur fabrication n'est l'objet d'aucune étude nouvelle.

La lithographie, à cause du mouillage des pierres, ne peut se servir de ces rouleaux gélatineux; elle emploie toujours les rouleaux de peau qu'il est difficile de bien fabriquer, à la fois élastiques et fermes. On ne les fait pas mal en France, surtout chez M. Schmautz.

le dos de la feuille, avec une plume ou une pointe, un nom ou une figure qui s'imprimait sur la feuille blanche! En soufflant, on faisait disparaître le peu de poussière déposé en excès; les traits étaient nets et on avait « écrit sans encre » à peu près de la même façon que M. Leboyer imprime au cylindre ses cartes de visite et d'autres menues papeteries qui, sous la pression d'un composteur, reçoivent d'un papier coloré en noir, ou autrement, l'apparence d'une impression typographique. Très-ingénieux pour l'expédition rapide de ces « travaux de ville », il est douteux que cet appareil puisse voir son rôle s'agrandir, comme on l'a fait espérer. Et tant mieux si nous nous trompons ici.

CHAPITRE II.

IMPRIMERIE ET LIBRAIRIE.

Il serait très-difficile de parler séparément des imprimeurs et des libraires. Nous avons donc réuni dans un même chapitre ce qui concerne l'imprimerie et la librairie, en commençant par la librairie et l'imprimerie française, et, autant que possible, par l'imprimerie détachée de la librairie.

§ 1. — Imprimerie impériale de France.

L'Imprimerie impériale n'est pas un établissement qui puisse déchoir.

Tous les secrets, tous les moyens, toutes les traditions de l'art typographique s'y réunissent comme à leur centre naturel; il est donc certain que, dès qu'elle prend part à une exposition, elle s'y empare du premier rang. Nous en devons être fiers, car nulle part ailleurs on ne peut rien rencontrer de supérieur, ni même de semblable (ni en France, ni ailleurs, cela soit dit sans affectation aucune de patriotisme). Qu'il nous soit néanmoins permis de faire quelques observations sur ce qu'il nous a été donné de juger, mais sans que ces observations puissent diminuer quoi que ce soit des justes éloges dus à tant de belles œuvres et à l'habileté, à l'activité, au goût si distingué de M. Derenémesnil, chef actuel des travaux.

« L'Imprimerie impériale, disait, au commencement de cette année, l'*Exposé de la situation de l'Empire*, continue à remplir laborieusement sa fonction administrative. Ses travaux s'accroissent d'année en année, soit par le développement des services publics, soit par l'observation de plus en plus générale des règlements qui déterminent ses attributions. Ce résultat offre de précieux avantages : il diminue la proportion relative des frais généraux, ce qu'atteste, d'ailleurs, la réduction progressive des tarifs de l'établissement ; et, sans que l'État ait à s'imposer aucun sacrifice, le sort des ouvriers se trouve amélioré sensiblement ; l'alimentation constante des ateliers prévient les chômages plus nuisibles à ceux qui vivent du travail quotidien que ne le serait la réduction même du salaire. » Tout à l'heure nous reviendrons sur ce point ; ne nous occupons d'abord que de l'exposition même.

« L'Imprimerie impériale devait naturellement prendre place à l'Exposition universelle. Mais les livres de luxe qu'elle a exécutés pour les précédentes expositions ont assez prouvé ce qu'elle pouvait en ce genre de coûteux chefs-d'œuvre. » En effet, l'*Imitation de Jésus*, faite pour le concours de 1855, et les *Saints Évangiles*, pour le concours de 1862, sont des livres dont l'industrie privée peut atteindre, mais surpasser difficilement la beauté. Nous pensons toutefois que la *Bible* et la *Touraine* de M. Mame sont déjà, ainsi que les *Évangiles* de MM. Hachette le seront bientôt, en état de supporter la comparaison. « Elle a préféré innover dans une voie plus pratique. Elle prépare une série de travaux par lesquels elle s'efforcera de résumer les progrès de l'art typographique dans toute leur perfection utile, mais avec des conditions extrêmes de simplicité et de bon marché. Elle essaye de créer ainsi un type de format et d'impression digne des amateurs de beaux livres, mais accessible à toutes les fortunes. Ce type, appliqué cette fois par l'Imprimerie impériale à l'édition d'ouvrages ayant en eux-mêmes une grande valeur ou historique, ou littéraire, ou archéologique, serait aussi une indication de ce que le bon goût exige et de ce que permet l'économie commerciale. »

Assurément cette ambition est permise à l'Imprimerie impériale, et il est même dans ses attributions de l'avoir eue. Mais a-t-elle atteint son but? Nous pensons que le type qu'elle a voulu produire, c'est le grand in-8° des *Commentaires de César* en latin et des *Commentaires de Napoléon* qu'elle expose. On ne peut pas dire que ce soit là un modèle achevé. Le format n'est, à proprement parler, ni in-8° ni in-4°, et il n'y a là qu'une nouveauté sans raison d'être. Il faudrait alors une autre page dans ce cadre et peut-être d'autres caractères. Mais lesquels? Où en trouver d'excellents en dehors de la tradition de l'Imprimerie impériale, et pourquoi changer de caractères, à l'imitation de n'importe quel autre peuple, quand nous avons chez nous ce qu'il y a de mieux? Les caractères dont l'Imprimerie impériale s'est servie pour l'*Imitation*, et, en les retouchant un peu, pour les *Évangiles*, dérivent toujours des fontes de Marcellin Legrand; il s'écartait le moins possible, et avec raison, des belles fontes de Firmin Didot qui, à la fin du siècle dernier et au commencement de celui-ci, ont produit des livres éloignés de bien peu de la perfection absolue. L'Imprimerie impériale doit les corriger, les améliorer lentement, si elle le peut; mais les changer, à quoi bon? Il n'y a pas mille genres de beautés dans ce matériel primordial de la typographie. L'excellence y est presque géométrique. On s'en écarterait en allant à droite ou à gauche à la recherche de caractères nouveaux, et c'est justement cette incertitude, cette variation des caractères qui est le défaut de la typographie française. L'Imprimerie impériale, mieux avisée, n'encouragera sans doute pas par son exemple les amateurs de bigarrures

Quant aux éditions mêmes qu'elle a exposées, il est à regretter qu'aux *Commentaires* latins on n'ait pas joint un index. Le moindre *César* en a toujours un; c'est une partie indispensable dans un tel livre. L'appareil critique, dû à feu M. Dübner, paraît être un modèle, et c'est, en somme, une heureuse idée que de vouloir restaurer avec toutes les attentions possibles les textes des grands écrivains anciens qui, évidemment, ne nous sont parvenus, à travers les siècles, que dégradés par les copistes.

La *Poliorcétique des Grecs* est du même format que le *César* et le *Napoléon*. On a choisi pour cet ouvrage le caractère grec des Alde, en usage encore il y a cinquante ans. Il est plein de vie et d'élégance et fait de fort belles lignes; mais alors on aurait dû appareiller le caractère romain des notes latines et choisir quelque chose de plus ancien. Cette *Poliorcétique* est illustrée de dessins sur bois qui dispensent de recourir à un atlas, et voilà même, en partie, pourquoi ce nouvel in-8° est si large : c'est qu'on a voulu que des planches y pussent être gravées à l'aise. La commodité, toutefois, ne justifie pas suffisamment cette création, à notre avis.

De bien beaux livres, au sujet desquels il n'y a rien à dire, c'est le tome V du *Livre des Rois*, neuvième volume de la grande *Collection orientale* commencée en 1823 (1); c'est le *Maçoudi*, les *Prairies d'or*, dans un format plus modeste; l'ouvrage tout récent, les *Établissements généraux de bienfaisance*, grand in-folio; la *Selecta fungorum Carpologia* de L.-R. et C. Tulasne, 3 vol. in-4°, remarquables par la disposition des titres; le *Mémoire sur l'éclairage des côtes de France*, in-4° raisin, exécuté aussi heureusement qu'on peut le désirer. Une particularité de ce livre, avec la beauté des formules mathématiques, c'est l'emploi, pour les démonstrations géométriques, de la pyrostéréotypie de préférence à la gravure sur bois ordinaire. Il paraît que les traits et les angles viennent plus nettement par ce procédé, emprunté, nous l'avons dit, à la gravure des

(1) On en tire en couleur [illegible] exemplaires de toute richesse.

impressions d'étoffes. On s'en sert aussi avec succès pour la musique, et c'est de cette manière qu'a été composé le livre de M. Tiron, *Études sur la musique grecque, le plain-chant et la tonalité moderne*, in-8° jésus, que l'Imprimerie impériale a exposé. Le procédé est rapide et peu coûteux.

La description de cette seule partie de l'exposition française nous mènerait loin. Nous n'avons généralement qu'à approuver tous ces beaux ouvrages, en ajoutant pourtant une dernière critique, à propos de l'in-8° jésus des *Quatrains de Khèyam* : c'est qu'il n'est pas bien, dans un livre traduit, de laisser, du côté du texte, des pages absolument blanches en regard d'une traduction qui déborde.

Mais que ces critiques sont peu de chose devant une série d'œuvres de cette savante et noble exécution! L'Imprimerie impériale a fait des progrès singuliers depuis le siècle dernier. L'initiative des Didot lui a ouvert la voie. Auparavant, ses ouvrages étaient loin d'être admirables, comme on croit généralement qu'ils l'étaient. Qu'on en juge par l'exposition rétrospective qu'elle a jointe cette année à ses travaux modernes. Le volume de grec, publié en 1823 par M. Hase, n'est même pas remarquable.

Et ces cartes d'une prodigieuse étendue, tirées les unes typographiquement sur clichés, les autres chromolithographiquement, car depuis 1841, la lithographie a pénétré à l'Imprimerie impériale; et ces reproductions hélioplastiques : une charte, des sceaux, un bas-relief, un merveilleux diplôme sur métal, voilà des morceaux qui donnent la mesure de toutes les aptitudes et de toutes les facultés d'un personnel et d'un matériel d'élite.

Pour la série des types étrangers, la richesse proverbiale de l'Imprimerie impériale n'a rien qui lui puisse être comparé, il n'y manque pas un groupe de signes, du moins jusqu'à ce que les découvertes ou les besoins de la science prouvent le contraire ; et le soin actuel de notre Imprimerie nationale c'est de compléter les signes particuliers de chaque langue en divers corps par des grossissements ou des rapetissements obtenus avec une grande netteté au moyen de la gélatine qui se dilate ou se resserre à volonté, et qui sert ainsi de matrice provisoire. Le vaste tableau des signes de numération et des principales formes graphiques des peuples anciens et modernes, qui fut tant regardé à l'Exposition, a été obtenu par des grandissements de cette nature.

Que l'Imprimerie impériale continue d'être le musée de nos richesses typographiques et le laboratoire des tentatives et des découvertes ; sa mission est là. Mais est-il bon qu'en même temps elle fabrique, pour le service de l'État et des administrations publiques, des ouvrages qui n'ont aucun rapport avec l'art ? et son privilége, tel que l'a constitué l'ordonnance de 1823, n'est-il pas une atteinte à la liberté du travail?

Les réclamations des imprimeurs datent des premières années de la Révolution ; elles se sont renouvelées dans les derniers temps avec insistance.

On a fait remarquer que les travaux que l'État fait exécuter pour les ministères à l'Imprimerie impériale lui coûtent plus cher que s'il s'adressait aux imprimeries particulières qui, depuis longtemps, sont en état de suffire à tous ses besoins, d'exécuter toutes ses commandes, même les plus importantes et les plus imprévues, et que la réalité des économies qui résulteraient du recours à l'industrie privée a été attestée à plusieurs reprises par les ministres mêmes qui ont eu l'occasion de s'adresser à elle. La différence serait, dit-on, de 15 pour 100 au moins, et de 25 pour 100 généralement, comme la cour des comptes en a fait la remarque.

Il n'est pas exact de dire que les bénéfices que l'Imprimerie impériale peut faire ainsi rentrent dans la caisse de l'État. Ces bénéfices font partie de son fonds de roulement, et trouvent toujours un emploi dans des dépenses d'entretien ou d'accroissement dont l'Imprimerie impériale n'a aucun intérêt à se priver ; et, en admettant que ce soit un profit liquide, une somme qui se verse effectivement toute entière au trésor public, il faudrait tenir compte des produits que l'État retirerait de l'existence des nouvelles imprimeries qui se formeraient pour exécuter les travaux confiés à l'Imprimerie impériale sans nécessité absolue, et qui auraient à payer des impôts et contributions qu'elle ne paye point. D'ailleurs, ne peut-on représenter que ce que l'État gagne d'un côté, il le perd de l'autre, puisque les ministères payent leurs impressions plus cher? Le monopole a, en outre, des inconvénients qui lui sont propres.

La lithographie, après l'imprimerie en lettres, s'est plainte de voir le champ de ses travaux diminué d'étendue par l'extension des opérations de l'Imprimerie impériale, et cela au préjudice même des administrations ministérielles qui n'ont pas toujours été servies en temps utile. Depuis, la réglure du papier et les fournitures de bureau ont été considérées comme devant appartenir à l'Imprimerie impériale; et c'est ainsi qu'en peu d'années le chiffre de son budget spécial, en recette et en dépense, a doublé et triplé.

Ramenée à son rôle naturel de musée, de laboratoire, d'école même, car elle pourrait former des élèves et des apprentis, l'Imprimerie impériale serait sans doute dotée convenablement avec un budget de 5 ou 600,000 francs, qu'elle n'aurait plus à gagner par des travaux ordinaires et dont l'État ferait les frais, mais dont il serait remboursé amplement par l'économie faite sur le coût des impressions livrées à la concurrence (1); et,

(1) L'Imprimerie impériale emploie 900 ouvriers et ouvrières; elle possède 28 machines, 80 presses à bras, 12 presses lithographiques et une machine pour la lithophotographie, avec tout l'outillage nécessaire à son atelier de gravure sur bois et sur cuivre.

On y imprime de 5 à 600 rames de papier par jour, l'équivalent de 25 à 30,000 volumes de 10 feuilles.

Les ouvriers de l'Imprimerie impériale ont une caisse de retraite qui ne dépend pas de l'État. Elle est alimentée par le prélèvement de 5 p. 100 sur les salaires, et reçoit 35 ou 40,000 francs chaque année. Après 30 ans de service ou, à 60 ans, après 25 ans, la pension est de 500 francs, au maximum; après 30 ans, elle est de 600 francs. Les ouvrières ont droit à des pensions d'un tiers moins fortes.

En cas de maladie, les ouvriers touchent des journées de 1 fr. 50 et les ouvrières de 85 centimes.

dégagée de toute préoccupation industrielle, cette imprimerie sans rivale n'aurait plus qu'à s'occuper de continuer la série de ses chefs-d'œuvre en tout genre. Elle deviendrait plus digne encore de sa grande et incomparable renommée.

§ 2. — Imprimeries et librairies particulières.

C'est à la fin du siècle dernier que la maison Mame a été fondée à Tours; mais c'est depuis 1845 seulement que, dirigée par M. Alfred Mame, elle a été agrandie et transformée. Les vieux ateliers furent alors remplacés par des constructions spacieuses où toutes les opérations de l'imprimerie et de la librairie trouvèrent leurs aises dans l'ordre le plus parfait; les presses mécaniques y vinrent faciliter le travail en multipliant ses produits, et de nouvelles collections d'ouvrages enrichirent l'ancien fonds, qui ne se composait que de petits ouvrages d'éducation et de piété, déjà convenablement soignés, mais remarquables surtout par leur bon marché. Lors de l'Exposition de 1849, la première où elle parut, la maison Mame possédait déjà 20 presses mécaniques, et imprimait 70,000 rames de papier par an, c'est-à-dire, par jour, environ 10,000 volumes in-12 de 10 feuilles de texte.

Bientôt M. A. Mame, animé d'un esprit organisateur et commercial dans le sens le plus élevé du mot, voulut joindre à sa librairie et à son imprimerie un atelier de reliure où pussent s'appliquer en grand et dans toute leur utilité les principes de la division et de la spécialité du travail. Près de 700 ouvriers y sont occupés maintenant dans un bâtiment construit pour eux et où se trouvent réunies toutes les ressources que la mécanique peut offrir à la main-d'œuvre. Ce nouveau personnel s'est recruté dans Tours même et aux environs et a été formé avec une rapidité surprenante. Rien n'est comparable à la bonne organisation de ces magnifiques ateliers qui exécutent à la fois les plus riches travaux de l'art et des reliures d'un bon marché incompréhensible (1). Il n'y avait rien à l'Exposition, ni en France, ni en Angleterre, qui pût être comparé aux reliures de luxe sorties de cet atelier de famille (2).

30 machines glacent, coupent, impriment, montent le papier. La production est maintenant de 20,000 volumes par jour, ou de 6 millions par an, chiffre auquel n'atteignaient point, il n'y a pas encore bien longtemps, les presses réunies du monde entier.

La maison Mame, qui n'imprime que pour elle, n'a aussi recours qu'à elle-même pour alimenter son activité. Aux fonctions, aux devoirs de l'éditeur, du libraire, de l'imprimeur, du relieur, du stéréotypeur, son chef a joint la direction des travaux du dessinateur, du graveur, de l'imprimeur en taille douce, de l'imprimeur lithographe (il n'a pas été encore fait de lithographie en couleur dans ses ateliers) et la surveillance de la fonderie, de la gravure des caractères, de la fabrique d'encre, de la papeterie, de la peausserie. De cette manière s'est formée l'usine typographique la plus vaste, la plus complète et la mieux ordonnée qui sans doute ait existé jamais. C'est l'un des établissements industriels que la France peut montrer avec le plus d'orgueil à l'étranger, et l'un de ceux où l'on trouve à s'instruire le plus heureusement des conditions d'existence de la grande industrie. Nous ne pouvons oublier de dire que, en même temps que la plus haute

(1) C'est ainsi qu'on voit marqués au prix de 30 centimes dans le catalogue de la maison des volumes in-32, en reliure anglaise basane, tranche marbrée, et, par exemple, un petit paroissien romain.

(2) Si nous avions à parler ici de la reliure, nous ferions remarquer que c'est l'un des arts d'industrie où depuis longtemps excelle la France; nous aurions loué, comme elles le méritent, les œuvres de nos relieurs d'à présent, qui n'ont pas exposé en assez grand nombre. La reliure française semble entrer à son tour, comme l'orfèvrerie, l'ébénisterie, dans une période d'imitation. Les reliures à compartiments et à découpages sont les plus goûtées aujourd'hui; mais, du moins, la France n'a de modèles à prendre que chez elle, et l'exposition de l'atelier de Tours suffirait pour prouver que, même en imitant, nous ne dégénérons pas. Goût, élégance, richesse, solidité, commodité, on y trouve tous les éléments des chefs-d'œuvre que les amateurs entourent de leurs soins.

récompense lui était acquise pour la perfection ou le bas prix de ses produits, elle a obtenu un des prix de 10,000 francs du nouvel ordre de récompenses créé pour les établissements où règnent à un degré éminent l'harmonie sociale et le bien-être des ouvriers.

Il suffit de feuilleter le catalogue ordinaire de MM. Mame pour voir comment s'est peu à peu agrandi le cadre de leurs publications. Comme en agriculture on commence par les travaux simples et les récoltes sûres pour tenter ensuite avec succès les expériences et se donner le luxe des nouveautés, de même ils ont assis sur leur vieux fonds de livres d'éducation et de piété diverses séries d'instruction élémentaire, couronnées par des collections d'ouvrages de la plus grande richesse ; ils ont ainsi mérité toute leur réputation et ils la soutiennent.

On a admiré en 1855 leur *Touraine*. C'est peut-être encore aujourd'hui leur principal chef-d'œuvre. La grande *Bible*, de Gustave Doré, qu'ils ont achevée en 1866, a joui d'un succès plus étendu peut-être, mais ce n'est pas un livre plus beau pour le véritable amateur. On en peut trouver le caractère un peu fin pour le format, inconvénient qu'il n'était pas possible d'éviter en ne donnant que deux volumes au texte sacré. Les ornements si bien étudiés, d'un symbolisme si juste et d'une si heureuse élégance, qui séparent les deux colonnes de chaque page, enlèvent peut-être aussi de leur apparence à ces caractères que, en eux-mêmes, on ne saurait que louer ; et enfin il est permis de croire qu'un ouvrage du premier rang ne doit pas être uniquement orné de gravures sur bois, quelque neuves, quelque hardies qu'elles soient, et que la gravure sur acier doit jouer le principal rôle dans sa décoration, que les bois relèvent alors et enrichissent.

Reconnaissons, du reste, qu'il n'y a rien de mieux réussi et de plus beau que le tirage de l'exemplaire sur vélin qui a figuré à l'Exposition. Les encres sont d'un noir du velouté le plus riche, et la lettre est partout venue sans un défaut, mérite qu'apprécient les gens du métier qui savent combien la peau se prête peu à l'impression. Nul doute que cet exemplaire ne devienne un jour l'un des joyaux d'élite dans le musée de l'histoire de l'imprimerie.

Les *Jardins* n'affectent pas le style comme la *Bible*, mais c'est un livre d'une élégance remarquable. Quelques-uns des bois qui le décorent font l'effet de jolis aciers.

On doit des éloges, dans un autre genre, au grand *Missel Romain* de MM. Mame, dont l'illustration est bien entendue et dont les pages ont un bon air de fermeté qui n'exclut point la grâce; mais ce qu'il y a pour nous de mieux réussi dans les 1,000 volumes exposés par la maison Mame, ce sont, après la *Touraine*, la *Bible* et le *Missel*, les bréviaires, et surtout les éditions de poche de l'*Imitation* de Jésus-Christ et de la Vierge et du *Petit Paroissien Romain*. Tout fin qu'il est, le caractère en est agréable à lire, et la composition est d'un goût achevé (1).

En somme, on n'a jamais imprimé avec plus de soin que dans l'imprimerie de Tours, et, quand il faut juger ses œuvres, si nombreuses et toujours si bien exécutées, on hésite entre le plaisir d'approuver le zèle et l'habileté qui donnent constamment un mérite typographique à ses impressions et le regret de voir tant d'art et tant d'expérience se dépenser, dans un très-grand nombre de cas, pour la publication d'ouvrages dont le texte s'accommoderait souvent d'une moindre parure. On dirait quelquefois de magnifiques vases de cristal taillé qui ne doivent jamais renfermer qu'une liqueur sans saveur. Pourquoi cette typographie si riche et si habile ne réaliserait-elle pas, comme un dernier progrès, le vœu de ceux qui souhaitent de lui voir imprimer des œuvres de la littérature moderne, dans ce qu'elle a de plus relevé?

(1) Quelques uns de ces charmants ouvrages sont tirés à 130,000 exemplaires chaque année. Les *Imitations* se vendent à 100,000. La *Bible* même de Doré a été tirée à 2,500 exemplaires, chiffre qui prouve qu'en définitive une œuvre d'élite, publiée par un éditeur habile, trouve toujours son public, et qu'on peut hasarder de gros capitaux dans une entreprise de librairie, pourvu qu'on sache la conduire.

M. Claye jouit de la réputation d'être la première maison d'imprimerie de Paris. Cette réputation date déjà de quinze ans ; elle est due à la beauté des tirages de livres à gravures sur bois qui furent faits alors dans les ateliers de l'ancienne maison Fournier, dirigée par M. Claye. Un conducteur de machines, doué d'un rare sentiment de l'art, M. Joseph Wintersinger, l'aidait à imprimer les belles compositions de l'*Histoire des peintres de toutes les Écoles*, travail de premier ordre, et des *Galeries de l'Europe*, où le bois a trouvé sous la mécanique la finesse et le moelleux des aciers.

Élève de F. Didot, comme M. Fournier, qui aujourd'hui dirige les ateliers de l'imprimerie Mame, M. Claye n'a paru aux expositions qu'en 1840. Il y obtint cette année même une médaille d'argent. La maison était modeste encore, mais déjà les gens de goût la distinguaient et savaient au prix de quelles études continuelles et de quels efforts son chef était parvenu à faire ces brillants tirages. Bientôt les travaux arrivèrent en foule. Ce furent pour M. Claye autant d'occasions d'exercer son goût. Les éditeurs se trouvèrent heureux de recourir à ses conseils et de recevoir de lui les indications du format, des caractères, des vignettes et du papier même, qui convenaient le mieux à la nature et à l'esprit d'un livre. On s'occupe trop rarement de nos jours de ces soins délicats. M. Claye les a toujours considérés comme indispensables dans l'exercice de la profession d'imprimeur, et le suffrage de ses pairs ne lui a pas fait défaut. Aussi est-ce de chez lui que sortent la plus grande partie des livres de luxe qui se publient, et en particulier ceux qui sont ornés de gravures.

Son exposition de 1867 est un choix simplement fait parmi les dernières impressions de sa maison. Quelques-unes sont parfaites de disposition et de coloris. On peut citer l'*Alfred de Musset*, in-4°, de M. Charpentier ; le *Ponsard*, in-8° ; les Classiques, in-8°, de la collection Garnier, l'*Oiseau*, de Michelet ; une *Imitation*, les *Collections d'œuvres d'art*, de Lièvre ; un *Missel*, imprimé sur parchemin à la manière des vieux manuscrits ; l'*Agriculture française*, superbe volume de M. Gassin, grand in-4° rempli de gravures sur bois ; le *Louvre et ses musées*, spécimen d'impressions en couleur obtenues par la presse typographique ; le journal l'*Art pour Tous*, et des spécimens de billets de banque inimitables.

Il y a parmi ces ouvrages une collection d'imprimés dans le goût du XVIe siècle, avec des lettres « augustales. » Il est douteux que ce sacrifice à la mode mérite d'être approuvé. Ce qui nous paraît surtout hasardé, c'est d'introduire ces caractères dans les têtes de chapitres au milieu de textes composés de lettres modernes. Nous avons dit déjà que c'est M. Claye qui est chargé de l'impression des *Saints Évangiles*, de MM. Hachette. Il n'aura jamais rien eu à produire de plus beau.

M. Mame, M. Claye, et, au-dessous, mais souvent à très-peu de distance d'eux, M. Plon, M. Simon Raçon, M. Crété, M. Martinet, M. Lahure, voilà l'élite de nos grandes imprimeries pour tous les travaux qui ont besoin de délicatesse et d'un vif sentiment de l'art.

Ni M. Lahure ni M. Raçon n'ont exposé, et je crois même que le dernier n'a jamais paru aux expositions, mais son talent d'imprimeur n'en est pas moins connu. Il y a seize ans qu'il met ses beaux caractères uniformes et ses tirages régulièrement réussis au service de nos meilleures librairies. Cette année, on peut voir des échantillons courants de sa fabrication aux vitrines de MM. Hachette et de M. Victor Masson. Il a fait, notamment, pour M. Masson un *Baccalauréat ès sciences* très-distingué, et, pour MM. Hachette, le volume de luxe *Elaine*, une série de *Guide-Diamants*, et une série d'ouvrages de la *Bibliothèque des Merveilles*, qui n'ont à craindre aucune comparaison.

D'autres imprimeurs auraient pu envoyer au concours des œuvres de quelque valeur dans divers genres ; ainsi M. Hennuyer, MM. Maulde et Renou et M. Bourdier. C'est celui-ci qui a fait le grand *Dictionnaire du Commerce*, de Guillaumin, œuvre à l'exécution de laquelle son auteur a mis tant d'intelligenre, tant de soin, dont l'impression présentait de nombreuses difficultés, véritable livre de choix, même au point de vue du métier. La maison Chaix n'a pas non plus pris part à l'Exposition. Sa spécialité administrative, principalement consacrée aux chemins de fer, ne l'empêche pas de faire, à l'occasion, des livres convenables, comme le recueil des *Rapports de la section française du Jury à l'Exposition* de 1862.

M. Plon ne prépare point de pièces d'apparat pour les expositions, et néanmoins la large superficie de sa vitrine offrait aux yeux de belles impressions et de beaux ouvrages dans tous les genres. C'est à lui que l'on doit l'usage de glacer le papier, qui a rendu les tirages si aisés et si agréables à l'œil : on se rappelle encore le *Pèlerinage en Suisse*, qu'il imprima de cette manière en 1839, et l'*André Chénier*, publié en 1840 dans la Bibliothèque Charpentier. Il n'était pas éditeur alors. Aujourd'hui il fabrique principalement pour sa maison de librairie, et la plupart de ses impressions se font remarquer par leur élégance.

Parmi les ouvrages exposés en 1867, distinguons un volume particulièrement soigné, *Thorwaldsen, sa Vie et son Œuvre*, par M. Eugène Plon, fils de l'éditeur. Cet ouvrage, enrichi de deux belles gravures au burin et de trente-cinq gravures sur bois, d'après les compositions du sculpteur suédois, est tout à fait digne d'éloges. On voit que rien n'a été ménagé pour qu'il satisfasse les amateurs. Nous savons un gré particulier à M. Plon d'avoir commencé une *Collection de classiques français*, in-32 colombier et jésus, qui est d'accord avec les traditions de la bonne librairie, et de publier, à ses frais, sans regarder à la dépense, de grandes collections de chartes et d'archives, imprimées in-4°, comme le *Trésor des Chartes de France* et le recueil des *Actes du Parlement de Paris*. Ces publications rendent service à la science, mais ne sauraient être lucratives ; il faut donc louer les éditeurs qui relèvent leur métier en les entreprenant.

On n'est pas sans avoir remarqué qu'une partie des impressions de cette maison sont faites avec un caractère particulier dont les angles sont arrondis. Ce caractère, dû à M. Jules Didot, ne messied pas à certains ouvrages de la littérature de caprice, mais il ne convient pas à des publications sévères. M. Plon devrait se servir plus souvent des autres types qu'il possède et qui se fondent chez lui, car il est fondeur en même temps qu'imprimeur et libraire. Il a même joint à sa typographie, qui fait de jolis tirages en couleur, l'impression de l'aquarelle typographique, gravée par le système de M. Isnard-Desjardins, et nous avons retrouvé, parmi les livres et les dessins nombreux de son exposition, la *Vierge de Murillo* qui, déjà en 1862, avait été remarquée à Londres.

Dans ses ateliers fonctionnent 10 presses à bras, 14 presses mécaniques, 5 machines à glacer, 6 machines à fondre les caractères. Il emploie environ 300 personnes.

L'établissement de M. Paul Dupont date de 1820. Il a constamment vu, depuis 1834, ses produits distingués et récompensés aux expositions, et a pris rang dans ces dernières années parmi les maisons les plus considérables. En 1855, le chiffre des affaires était d'un peu plus de 2 millions; il s'est élevé à 3 millions en 1860, à 4 millions en 1865 et a dépassé 5 millions en 1866.

Avec un personnel de 200 commis aux écritures et de 900 ouvriers, M. Paul Dupont emploie 44 mécaniques d'imprimerie et de lithographie, 30 presses à bras, 10 presses hydrauliques. Le matériel des deux ateliers de Paris et de Clichy est évalué à 2 millions, et le nombre seul des planches conservées à 30,000.

Le titre d'Imprimerie Administrative indique assez quels sont les principaux travaux et les ouvrages ordinaires de l'imprimerie et de la librairie Paul Dupont. On y a moins souvent l'occasion d'exécuter les livres artistiques ou seulement classiques que celle de faire preuve d'une puissance de production sans limite. Toutefois, à côté d'ouvrages d'administration et de recueils périodiques ou de grandes collections d'archives, elle a exposé des travaux qui ne laissent pas d'avoir un mérite typographique réel : ainsi un nouveau tirage de l'album des caractères et vignettes de la fonderie Derriey, qui a été déjà apprécié à l'Exposition de 1862 et qui reste une œuvre hors ligne, que bien peu d'ouvriers sont en état d'exécuter (cet album est dû à M. Maulinet ; un volume in-folio, *Essais pratiques d'imprimerie*, où se voient de curieux spécimens de composition et de tirages en couleur; un registre d'épreuves d'actions, d'obligations, de titres divers avec fonds de garantie et cadres particuliers dont la fabrication est une spécialité de la maison; et un in-quarto traité par une main habile, les *Études sur les Hôpitaux*, de M. Arm. Husson.

M. Paul Dupont, élève de F. Didot, n'eût voulu céder à aucun autre la supériorité des travaux d'art proprement dit, s'il n'avait été conduit à s'occuper surtout de livres et de journaux administratifs. Il n'a jamais négligé de montrer combien il est désireux de faire apprécier les services rendus par la typographie et de vulgariser la connaissance de ses chefs-d'œuvre. Après avoir écrit son *Histoire de l'Imprimerie*, il a donné cette année au public un ouvrage intitulé *Une Imprimerie en 1867*, qui est d'une lecture agréable et instructive et d'une bonne exécution, quoique d'un caractère un peu maigre.

Pour montrer quelles sont les ressources et quelle peut être la rapidité d'exécution des travaux confiés à cette maison, il suffit de rappeler que la première édition, à 2,200 exemplaires, du Catalogue de l'Exposition de 1867, édité par M. E. Dentu, qui se compose de 2 volumes et de 2,300 pages, a été tirée et brochée dans la nuit du 31 mars au 1er avril; et que 400,000 obligations du Crédit foncier d'Autriche, imprimées en trois couleurs, numérotées, reliées par volume de 500 feuilles, ont pu être livrées dans un délai de huit jours. L'Imprimerie impériale elle-même en pourrait-elle faire autant?

C'est par une ingénieuse combinaison des moyens de la lithographie et de la typographie que M. Paul Dupont est arrivé à reproduire des fonds d'actions absolument infalsifiables. Il y a trouvé aussi, pour les cartes et les tableaux qu'il publie en si grand nombre, la facilité d'économiser de 20 à 60 pour 100 sur la fabrication, avec des filets plus parfaits et une impression des textes plus nette qu'autrefois. Enfin c'est à la lithographie que, le premier, avec un plein succès, comme nous le verrons tout à l'heure, il a demandé la reproduction des vieux livres devenus introuvables. Il a exposé encore, en 1867, quatorze reproductions de diplômes et de chartes, titres précieux, dont le plus récent est du XVe siècle, et que le temps avait fort endommagés. La reproduction est d'une parfaite exactitude.

Dans l'établissement de Clichy, M. Paul Dupont est parvenu à se former un personnel de femmes employées, non-seulement à la brochure des feuilles ou à la préparation des caractères, mais à la composition et à la mise en pages, après un apprentissage qui est désormais bien réglé et bien rétribué (1).

C'est l'imprimerie Guiraudet et Jouaust qui, de 1854 à 1857, a imprimé les ouvrages composant la *Bibliothèque Elzévirienne* de M. Jannet. Cette collection intéressante et bien exécutée a été le point de départ de toutes les éditions et réimpressions de bibliophilie, qui, depuis dix années, se sont faites à Paris et en province. En principe, il serait fâcheux que la typographie moderne se mît à employer régulièrement les caractères d'autrefois et à couvrir d'un habillement antique des ouvrages nés de nos jours. Déjà même le mélange des

(1) Voici les diverses institutions particulières à l'imprimerie Paul Dupont qui caractérisent les efforts qu'on y a faits pour parvenir graduellement aux avantages des associations coopératives :

Société pour la construction non de cités ouvrières, mais de maisons à loyers [illegible] peu nombreux, dont le loyer doit progressivement décroître jusqu'à ne coûter que le [illegible] du prix d'à présent. — Participation de [illegible] dans les bénéfices de la maison pour chaque ouvrier, par parts égales, la somme restant en caisse, productive d'intérêts, au compte de l'associé, qui peut être [illegible] sur son fonds, mais ne le retire que le jour où il quitte la maison. Le fonds général de participation représente en 1867 un actif d'environ [illegible].

Caisse de dépôts, produisant 6 p. 100. — Prêts d'honneur, remboursables par quinzaine sans intérêts. — Société de consommation et caisse de secours depuis [illegible].

types a été fait quelquefois, ce qui n'est pas d'un bien bon goût. Mais, quand il ne s'agit que d'anciens textes, ou de petits livres de fantaisie, il est loin d'être mal qu'on emploie les caractères dits elzéviriens ou même de plus anciens, pourvu qu'ils soient d'une bonne gravure, comme ceux de M. Jouaust, et que l'impression soit faite avec autant de goût que chez lui : les pages décorées de fleurons appropriés et de lettres ornées qu'on faisait si bien autrefois ; et surtout que le tirage s'effectue sur le papier vergé à la forme, en pâte de fil, soit de France, soit de Hollande (ce dernier plus souple), ou sur le papier anglais Whatman, si blanc, si uni, le papier de Chine si doux, le parchemin ou le vélin, si difficile à bien encrer, mais qu'il y a du mérite à avoir bien imprimé.

M. Jouaust a exposé plusieurs ouvrages de ce genre très-réussis, parmi lesquels un *Regnier*, dont l'édition, due à M. L. Lacour, est excellente. La nouvelle collection Jannet sort de ses presses. Nous souhaitons à celle-ci le succès que mérite l'éditeur instruit et intelligent qui, deux fois, aura voulu faire reverdir les vieilles branches de l'art typographique.

Quelques imprimeurs de Paris méritent encore une mention : M. Martinet (le chef de cette ancienne maison, et mort récemment) pour les soins qu'il a donnés aux livres de science et de médecine ; M. Gauthier-Villars, gendre et successeur de M. Mallet-Bachelier, pour ses grands ouvrages de mathématiques, dont la composition est très-pénible ; M. de Mourgues, qui a imprimé la *Statistique de l'industrie de Paris*, faite en 1860 par la Chambre de commerce, et qui ferait peut-être mieux encore s'il ne jouissait pas du privilége des impressions de la Ville de Paris ; M. Delalain, à la vieille réputation universitaire, duquel le Jury n'a pas voulu rester insensible, mais qui ne sacrifie pas assez à l'élégance, et qui a été chercher pour ses livres grecs les types les moins élégants de l'Allemagne ; enfin, M. A. Le Clère que ses missels et sa musique religieuse recommandent : genre difficile où la maison Mame elle-même, avec tous ses moyens, n'a pas toujours été sans prêter à la critique.

Nous quittons à présent Paris pour trouver les imprimeries dont les envois ont été remarqués, ou qui, sans avoir exposé, rivalisent, en province, avec celles de la capitale.

La maison Desrosiers, de Moulins, qui n'a pas exposé, avait eu jusqu'ici l'honneur de représenter, avec M. Mame, l'art typographique des vieilles villes de France. En 1834 déjà, elle obtenait une médaille d'argent pour les premières livraisons de l'*Ancien Bourbonnais*, volume in-folio qui coûta 160,000 francs et que l'imprimeur édita sans demander de subventions. En 1839, la lithographie et la gravure en relief sur cuivre enrichissaient sa typographie. En 1844, après avoir fini le *Bourbonnais*, il publiait l'*Ancienne Auvergne* 4 volumes in-folio, et en 1849, l'*Ancien Berry*. Nous rappelons ces livres, parce qu'ils ont eu de l'influence sur le mouvement des publications provinciales et ont sans doute excité l'émulation de M. Mame qu'à leur tour les éditeurs de Paris n'ont pas voulu laisser triompher seul. En 1855, M. Desrosiers exposait une riche lithochromie de la *Légende de Saint-Pourçain*. Espérons que ces traditions ne s'éteindront pas à Moulins.

Une autre imprimerie qui avait acquis de la réputation, celle de M. Perrin, de Lyon, n'a pas exposé non plus. M. Perrin avait obtenu une mention honorable dès 1834 pour un *Horace* polyglotte. Depuis, il avait, avec beaucoup d'efforts, cherché à relever la renommée des presses lyonnaises, et il y était arrivé en créant, à côté du genre elzévirien de M. Jannet, un genre de livres plus archaïque encore. Il dessinait lui-même des types, ceux, par exemple, de son dernier ouvrage, une *Imitation*. A vrai dire, ce genre d'impression est une affaire de mode et ne peut être cultivé que pour des amateurs ; mais M. Perrin y était passé maître, et il mettait de l'amour dans le moindre de ses travaux. Il manque donc à ce concours.

La réputation, consacrée cette fois, de M. Crété, de Corbeil, est méritée depuis longtemps par lui, non-seulement pour la beauté vraie de la plupart de ses ouvrages, et en particulier de ses *petits Paroissiens*, mais aussi pour la sage et persévérante direction d'un atelier créé dans un pays dépourvu d'industrie et successivement doté de toutes les ressources dont l'art de l'imprimerie peut disposer. La maison a été fondée en 1820. Déjà, en 1844, elle possédait 10 presses et 2 mécaniques. Ses livres de piété et ses tirages en couleur lui valaient une médaille de bronze. En 1849, M. Crété avait réussi à former 60 ouvrières habiles dans la composition. À côté de ses livres, que distinguaient leur caractère et le goût de toute leur disposition, il exposait des chromolithographies égales, dans les qualités moyennes, à celles des meilleurs imprimeurs de Paris. Il tire la vignette avec une grande finesse. Comme M. Martinet, il a contribué à élever le niveau de la fabrication des livres de science, mêlés de chiffres et de dessins sur bois.

Une maison, qui, dans la spécialité des imprimeries-librairies P. Dupont et Chaix, s'est fait une place des plus honorables, celle de Mme Berger-Levrault, de Strasbourg, l'emporte peut-être sur toutes pour quelques détails de cette spécialité administrative. Ses registres et livres de compte sont établis avec une netteté d'exécution sans égale, même aux pages les plus compliquées. Elle expose aussi des gravures sur cuivre et des impressions ordinaires. Nous avons vu de bons ouvrages sortis de cette maison, et qui, avec un air un peu allemand, ne font pas mauvaise figure dans les bibliothèques. C'est elle qui a édité le *Dictionnaire d'administration* et les *Annuaires* de M. Block, et, pour le compte de M. O. Lorenz, le *Dictionnaire politique*. Typographiquement, les deux volumes de ce dictionnaire sont bien exécutés.

Presque chaque année, et presque toujours par quelque publication d'archéologie locale faite sur papier et avec types de circonstance, il se révèle un bon imprimeur dans nos villes lettrées de province. Que l'on commence par où l'on voudra, pourvu qu'on arrive à bien faire. L'émulation peut donc s'exercer sur tel ou tel genre d'impression. En ce moment, l'influence de M. Perrin est encore sensible. Parmi ceux qui font avec soin, nous pouvons citer M. Hérissey, d'Évreux; M. Garnier, de Chartres; M. Dejussieu, de Châlon-sur-Saône : ces deux derniers sont même fort habiles. M. Garnier exposait, avec quelques in-octavo d'érudition locale, une grande *Histoire du diocèse de Chartres*, et M. Dejussieu, des ouvrages iconographiques où le grec et les hiéroglyphes ont une place; travail méritoire pour un atelier de Châlon. Nous citerons encore des livres sur les monnaies, imprimés à Fontenay-le-Comte, par M. Robuchon, et un grand *Nobiliaire de Savoie*, de M. Allier, de Grenoble. Tous ces ouvrages prouvent que le niveau s'élève.

La vieille imprimerie Danel, de Lille, qui date de 1676, a été récemment honorée d'une visite du chef de l'État, qui a attiré l'attention sur elle. On ne peut la juger par son exposition. C'est une grande usine d'étiquettes et d'affiches, genre qu'elle fait mieux que pas une autre. Toutes les manières de tirer en couleur y sont mises à profit.

Strasbourg, la vieille cité de l'imprimerie, doit à M. Silbermann de posséder encore le premier atelier de France, dans l'une des branches les plus importantes de la typographie, l'impression en couleur. A l'œuvre depuis longtemps déjà, M. Silbermann n'a pas un moment cessé de perfectionner ses procédés et d'agrandir le champ de leurs applications. Il a enlevé aux Anglais et aux Allemands le marché de notre pays, et, jusque dans les publications du plus grand luxe, il soutient, grâce au bon marché du tirage typographique, même pour dix couleurs, la concurrence de la chromolithographie, qui a pourtant l'avantage des demi-teintes. On n'ignore pas que les clichés du dessin nécessaires pour chaque couleur en typographie sont fort chers, et que le report en lithographie ne coûte presque rien. Inférieure de ce côté, la chromotypographie l'emporte par la grande rapidité du tirage; et, personnellement, M. Silbermann est un artiste qui sait se servir avec un grand talent des combinaisons du coloris. La vivacité, l'éclat des morceaux qu'il expose arrêtent le regard sans le heurter jamais.

Il a dans sa vitrine de beaux modèles de tapisserie. J'y ai en vain cherché de l'imagerie. La régénération de l'imagerie enfantine est cependant l'un de ses meilleurs titres à l'estime de la typographie. C'est grâce à lui que nos enfants ont de si belles armées de soldats de papier à découper, et leur goût y gagne. M. Silbermann a envoyé à l'Exposition des livres et des journaux. C'est en noir aussi un habile imprimeur. On n'a pas oublié le superbe Album typographique qu'il a exécuté en 1840, pour le jubilé de Gutenberg (1).

Il a des émules à Paris, et, entre autres, M. Digeon, qui a tiré pour l'Exposition un cercle solaire et une bulle de savon irisée d'une finesse et d'une exactitude de tons remarquable.

Pour achever ce que nous avons à dire de l'imprimerie française, mentionnons les progrès qu'a faits M. Godchaux dans l'application de son procédé d'impression de modèles d'écriture et de vignettes. Il les imprime sur papier continu, des deux côtés du papier à la fois, au moyen de deux cylindres gravés en creux. C'est la méthode d'impression des étoffes, mais la difficulté était grande pour le papier, à cause de l'encrage fluide et pâle et de la finesse nécessaire aux traits du dessin. Déjà arrivé à son but en 1862, M. Godchaux a rendu son impression plus facile et plus sûre encore, et nos écoles lui doivent tous ces jolis modèles d'écriture et ces cahiers de divers genres qui rendent l'enseignement primaire plus attrayant.

Un mot encore pour louer les impressions de MM. Wiesener.

(1) L'imprimerie Silbermann est ancienne : le grand-père du directeur actuel de la maison l'a acquise en 1788 et l'a cédée à son fils en 1800. Lorsque, en 1821, M. Silbermann, alors étudiant en droit, l'a prise à son tour, il n'y avait que trois presses et 13 ouvriers. Ce n'est qu'en 1823 que l'on commença d'y faire de l'impression en couleur. Tous les genres de gravure en relief y ont été pratiqués depuis. Depuis trente ans il en est sorti des élèves qui se sont fait un nom. Aujourd'hui on y compte 130 ouvriers et artistes, neuf presses à bras toujours en activité et huit mécaniques mues par la vapeur. Non seulement ces produits ont remplacé en France ceux des Allemands, mais ils vont, pour la couleur du moins, se placer sur le marché de Bruxelles et sur celui de Londres.

Poitevin et Minster. M. Wiesener est d'une habileté bien connue; il a la hardiesse et le goût. Il réclame l'honneur d'avoir appliqué le premier l'électricité à la typographie. Ses tirages d'actions et de titres divers ressemblent à de la taille-douce. M. Poitevin rivalise avec lui. L'un et l'autre impriment des livres de choix. C'est chez M. Poitevin, successeur de la maison Lacrampe, que se continue *l'Histoire des Peintres*. De M. Minster, nous avons vu de bonnes épreuves d'actions industrielles et des clichés en cuivre de musique d'une pureté étonnante. MM. Wiesener et Minster sont d'anciens graveurs sur bois et sur cuivre, appréciés depuis plus de vingt ans.

Il faut enfin mentionner les papiers de fantaisie et de décoration de M. Guesnu. L'Exposition en offre un choix des plus riches et des plus gracieux. Le tirage typographique et le tirage lithographique s'unissent pour produire ces jolies décorations.

Mais nous n'avons pas encore prononcé le nom de la plus renommée des imprimeries françaises.

M. A.-F. Didot avait peut-être, en définitive, la plus belle exposition typographique de tous les pays. Nous ne parlons point de celle de sa maison de Paris et de ses ateliers de Mesnil ou de Sorel, de ce beau livre d'horticulture, *l'Amateur des Jardins*, où il y a des bois si délicats, du journal *la Mode illustrée*, l'un des succès de notre époque, et qui mérite sa fortune par la sage et intelligente manière de la personne qui le dirige, Mme E. Raymond; ni de ce Vecellio, album de costumes regravés sur bois avec une vérité exemplaire au bout de trois siècles; ni de cet *Essai sur la gravure sur bois;* ni de ce Catalogue d'anciens livres fameux, dû à M. Didot lui-même; ni de son *Virgile* et de son *Horace* elzéviriens, que l'on connaissait, ou de son *Anacréon*, que l'on ne connaissait point; nous voulons parler de sa superbe collection de livres de tous les maîtres, exposée par lui dans l'une des salles de l'Histoire du Travail : les incunables, les Alde, les Elzevir, les Didot. En passant à côté de ces admirables et inimitables chefs-d'œuvre, le plus ignorant s'arrête et réjouit ses yeux. Sommes-nous bien sûrs que dans trois ou quatre cents ans les livres dont nous sommes si fiers auront le même air, paraîtront aussi dignes d'imitation, aussi près de la beauté invariable? Sommes-nous sûrs seulement qu'ils vivront? que le papier, le plus beau même, subsistera? que l'encre n'aura pas bougé?

C'est là qu'il faut voir tout ce que la typographie française doit en particulier à la famille des Didot. Eux seuls, après les anciens maîtres, ont fait avancer l'imprimerie dans le chemin de l'art. Les éditions dites *du Louvre* ont été le point de départ de tous les efforts faits depuis. Dès la première Exposition, en 1798, Pierre et Firmin Didot méritaient la plus haute récompense décernée à l'art typographique. A l'Exposition de l'an IX, ils apportaient leur *Horace* in-folio et le premier volume d'un *Racine* in-folio, ouvrages déclarés alors « les plus belles productions de la typographie de tous les pays et de tous les âges. » En 1806, ils exposèrent le *Racine* complet, et quelques autres beaux livres, les *Fastes*, entre autres. Firmin Didot y ajoutait les spécimens du beau caractère d'écriture cursive qu'il avait gravé lui-même. La médaille d'or accordée aux Didot honorait également, en 1806, les beaux ouvrages de Bodoni, le célèbre imprimeur de Parme, qui, pour fonder un établissement de premier ordre, avait eu tout à créer en Italie.

A l'Exposition de 1819, le *Camoëns*, de Firmin Didot, le *Boileau* et *la Henriade*, de Pierre Didot, son frère, prouvèrent une fois de plus leur incontestable supériorité.

Fiers de cette gloire, les héritiers de Firmin Didot n'avaient pas l'espoir de la grandir. M. A. Firmin Didot a trouvé cependant le moyen d'y ajouter, en formant le plus beau musée des monuments de l'art typographique qu'un particulier ait jamais créé, en l'ouvrant avec une élégante libéralité à quiconque désire s'y instruire, en le décrivant avec amour, en recueillant toutes les pièces intéressantes de l'histoire de l'imprimerie, et en les mettant lui-même en œuvre.

Les Didot avant tous, les Panckoucke, les Rignoux, les Éverat, les Crapelet; au moment de la transition, les Lacrampe (1); depuis, les Duverger, les Silbermann, les Best, les Mame, les Fournier, les Claye, les Desrosiers, les Perrin, les Plon (2), les Simon Raçon, les Lahure, les Crété, les Martinet, les Jouaust, telle est la filiation, tel est plutôt le cortége des imprimeurs qui ont, dans les divers genres, donné au public, depuis un siècle, en France, les plus belles œuvres de la typographie.

§ 3. — Libraires-éditeurs français.

S'il est rare qu'un libraire réussisse en se faisant imprimeur, un imprimeur qui se fait libraire peut trouver de bonnes opérations, et on voit maintenant plusieurs chefs d'imprimerie se mettre à publier. Au fond, l'art y perd presque toujours, car il y a peu d'administrations montées comme celle de M. Mame et où il y ait place et temps pour tout.

Une partie des imprimeurs dont nous avons parlé publient donc des ouvrages. Arrivons aux éditeurs qui n'ont pas d'imprimerie. On a eu raison de les admettre aux expositions comme des producteurs, car s'il en est qui doivent à leurs imprimeurs une partie de leurs succès et qui soient même conseillés entièrement par eux, d'autres, au contraire, ont formé à la bonne fabrication les imprimeries qu'ils occupent; et d'ailleurs, dans le métier d'éditeur-libraire, il ne s'agit pas seulement de l'impression du texte ou des dessins d'un ouvrage.

Aucun éditeur en France, nous pourrions presque dire, et dans le monde entier, n'occupe la position élevée qu'a tente-

(1) Les premiers en France, les ouvriers associés de l'imprimerie Lacrampe et Cie, les « Dix Neuf, » comme on disait, imprimèrent, au moyen de rentrées, en couleur et en or et argent sur papier de couleur.

(2) Nous avons dit qu'on lui doit l'usage de glacer les papiers. Lorsqu'il tira l'*André Chénier*, en 1839, à 7 fr. la rame mécaniquement, on regarda cela comme un tour de force.

ment et sûrement prise la maison de MM. L. Hachette et Cie. S'ils ne possèdent pas, comme imprimeurs, une usine qui ne travaille que pour eux, et où l'on ait, comme chez M. Mame, le spectacle d'une organisation qui touche à la perfection de l'activité et de l'ordre, ils produisent plus qu'aucun autre libraire, car on leur doit déjà près de 4,000 volumes composés par huit cents auteurs, et ils occupent, avec une grande partie du personnel de onze imprimeries diverses, environ trois mille personnes de divers états.

C'est par des publications faites pour l'enseignement classique à tous les degrés que la librairie Hachette a commencé ses travaux, en 1824. Pendant près de trente ans, elle n'est pas sortie de ce cercle et y a solidement fondé sa fortune, en créant, pour toutes les parties du vaste programme des études de toutes les écoles de la France, les instruments de travail les plus divers et les plus utiles. Cet excellent fonds n'a pas cessé d'être l'objet des soins de prédilection du créateur de la maison, trop tôt enlevé du gouvernail; mais, à partir de 1852, la littérature générale et la librairie des connaissances utiles vinrent s'y joindre. La *Bibliothèque des Chemins de fer* fut la première grande collection à séries variées que les éditeurs publièrent. Commencée au milieu de grandes difficultés et combattue par une partie des libraires, qui croyaient que ce nouveau mode de vente des livres allait leur nuire, cette entreprise, fermement conduite, a fini par donner d'heureux résultats. Le principal est d'avoir étendu en France le goût des livres et servi par là la cause si chère à tous les esprits sérieux, la diffusion de l'instruction et des lumières.

Des publications de tous les genres ont suivi cette première collection qui a, plusieurs fois déjà, renouvelé tous ses genres et du sein de laquelle, comme des essaims féconds, sont sorties des collections entières, aujourd'hui en pleine prospérité. La *Bibliothèque variée* fut la première à paraître, puis la *Bibliothèque rose*, la *Bibliothèque des Romans étrangers* et la série des *Classiques* à bon marché, imprimés chez Lahure, parmi lesquels on avait à choisir un *Voltaire* à 25 francs, un *Saint-Simon* à 10 ou 12 francs, d'autres ouvrages d'élite encore, précieux fondements de la bibliothèque des travailleurs sans fortune, dont notre pays est plein.

En même temps naissait le *Journal pour Tous*, qui a eu un succès si mérité. Pour le public instruit et curieux, MM. Hachette et Cie fondaient le *Tour du Monde*, recueil où ont paru des récits pleins d'intérêt et des milliers de gravures sur bois d'une exécution supérieure. Des Dictionnaires pour l'usage de tous les publics concentrèrent dès lors les notions éparses de toutes les sciences et des arts. Cette série s'achève par la publication du grand *Dictionnaire de la Langue française* de M. Littré, monument qui sera comparé aux *Trésors* des Estienne.

Il faudrait plus de place que l'on en a ici pour énumérer, même sommairement, les productions incessantes de cette librairie. Nous omettons, par exemple, de parler de la *Collection des Classiques français*, grand in-8, publiée sous la direction de M. A. Régnier. Malgré tous les soins dont elle a été l'objet, elle ne nous semble pas une œuvre complétement réussie. Elle n'est franchement ni archaïque, ni moderne, et il y a à la fois trop de luxe de recherches et de l'insuffisance dans plusieurs de ses parties. N'oublions pas toutefois la très-riche série des *Guides* et *Itinéraires pour les voyageurs*, qui sont de mieux en mieux faits de toute manière, et des *Guides-diamants*, où les renseignements se condensent dans un texte d'un aspect charmant.

Si la mode est aujourd'hui aux publications de luxe, ornées de gravures sur bois de grande dimension, le mouvement a été imprimé par la maison Hachette, qui a voulu ne laisser aucune des puissances de la librairie dans l'inaction. C'est M. Templier, l'un de ses chefs, qui a dirigé la publication des quatre grands ouvrages de Doré : *l'Enfer*, *Atala*, *Don-Quichotte*, *Elaine*, qui ont coûté 600,000 francs à exécuter, et qu'ont suivis les *Fables* de La Fontaine, *le Purgatoire* et *le*

Paradis du Dante, toujours avec ces vastes gravures sur bois d'après Doré, dont nous disons notre sentiment au chapitre de la Gravure même. Jusqu'au format, tout était neuf dans ces livres, que l'on a imités déjà, et qui ont inspiré probablement la *Bible* de M. Mame.

Cette *Bible* et *la Touraine* sont de plus beaux ouvrages; mais on a pu voir, à l'Exposition même, qu'il paraîtra avant deux ans, chez MM. Hachette, un livre supérieur à son tour : *les Saints Évangiles*. A lui seul, ce livre aura coûté plus de 600,000 francs lorsqu'il sera mis à la disposition du public. C'est la pièce capitale, dès à présent, du travail de l'impression en France.

Nous avons pu par nous-même juger de tous les soins pris pour que cette fois le goût le plus pur ennoblisse les manifestations de la magnificence typographique. Les types ont été étudiés et dessinés lentement, d'après les modèles les plus irréprochables (sauf peut-être les chiffres, qui seront changés), et avec une certaine fleur de nouveauté qui n'a rien cependant d'une fantaisie et qui reste en harmonie avec la sévérité du texte à figurer en caractères. Ces types sont dus, ainsi que les ornements, à M. Charles Rossigneux; ils ont été gravés par M. Viel Cazal et fondus chez M. A. Réné et Cie. Les pages exposées sont d'une physionomie superbe. Un encadrement simple et sévère en rehausse encore la beauté sobre.

Les ornements de M. Rossigneux sont gravés en taille-douce, et s'impriment séparément : grande difficulté pour l'impression typographique du texte, confiée à M. Claye. Bien des essais ont été tentés pour vaincre la difficulté ; ils ont réussi. Nous n'avons pas encore parlé de la décoration principale. C'est une suite de 120 dessins de Bida, artiste assurément capable d'illustrer une Bible.

M. Bida est allé revoir, aux frais de l'entreprise, les lieux témoins de l'histoire sacrée, et y raviver ses inspirations aux sources mêmes de la nature. 100 de ces dessins sont achevés, et 86 sont gravés et tirés. Nos artistes les plus habiles, des peintres même, comme Mme Browne, Bodmer, Chaplin, Bracquemont, se sont voués à la gravure à l'eau-forte de ces compositions.

Nous aurions dû parler des ouvrages de science descriptive, du format grand in-8° et surtout de la jolie *Bibliothèque des Merveilles*, de la maison L. Hachette. Citons, pour leurs riches décorations, *le Monde de la Mer* et *la Vie souterraine*, et, pour le bon marché, les petits volumes à 2 francs : *les Minéraux*, *les Plages*, *les Chemins de fer*, *la Chaleur*, et tant d'autres qui vont à la fois charmer les yeux et jeter partout le bon grain de la science. Ces publications sont peut-être ce qu'il y aurait d'abord à louer dans l'œuvre actuelle et courante de MM. Hachette et Cie. Elles prouvent avec quelle conviction profonde ils se sont imposé l'ambition d'instruire d'une manière digne du siècle toutes les classes de la société et tous les âges, et quel art ils mettent à y réussir.

La librairie d'architecture et d'art de M. A.-J. Morel s'est mise à un rang très-distingué. Les connaisseurs ont examiné avec un vif intérêt la riche collection de ces publications si coûteuses qui alimentent les ateliers les plus habiles de la gravure et de la lithographie, font vivre tant d'artistes de talent et en instruisent d'autres par milliers. Cette branche de la librairie a pris une heureuse et rapide extension chez nous. Aidée par l'imprimerie elle-même, elle a réussi à reproduire dans des livres et des albums de la plus haute élégance la figure et la couleur des œuvres les plus variées de l'art. M. Morel, jeune et entreprenant, n'a rien cru impossible, et, le luxe de l'époque lui fournissant des souscripteurs, il a pu établir, de la manière la plus soignée, les ouvrages destinés à conserver les plus belles pièces de la curiosité, sans oublier que, pour les publications archéologiques, le premier mérite c'est une sévère exactitude, et que le fonds principal de sa maison, ce sont les livres et les cahiers de l'enseignement de l'architecture et de l'art industriel qui comptent aujourd'hui tant d'ateliers et tant de bons élèves. Parmi les nombreuses publications périodiques qu'on doit à cette maison, nous remarquons la *Gazette des Architectes et du Bâtiment*, *l'Art pour Tous*, le *Journal-Manuel de Peintures*, le *Journal de Menuiserie*. Parmi les grands ouvrages descriptifs : le *Dictionnaire raisonné de l'Architecture française* du XIe au XVIe siècle, le *Dictionnaire historique du Mobilier français*, les *Entretiens sur l'Architecture* et les *Chapelles de Notre-Dame*, de M. Viollet-le-Duc ; les *Palais*, *Châteaux*, *Hôtels et Maisons*, de M. Sauvageot ; *l'Architecture Romane du midi de la France*, de M. Révoil ; les *Monuments de la Perse*, de M. Pascal Coste, et surtout *l'Histoire des Arts industriels au moyen âge et à l'époque de la renaissance* (4 volumes de texte, in-8° ou in-4°, illustrés de gravures sur bois et accompagnés d'un album de deux volumes in-4°, composé de 119 planches en lithochromie, de 19 en lithophotographie teintée sur chine, de 10 lithographies et de 2 gravures sur cuivre). C'est un ouvrage d'une beauté rare.

Quoique leur mérite soit grand, les librairies d'art étrangères n'ont pas reçu un semblable développement, et n'ont pas si soigneusement recueilli, dans les spécialités même qu'elles ont adoptées, les meilleurs modèles de l'art.

L'exposition de M. Curmer est une de celles qu'on examine avec le plus d'intérêt depuis longtemps. Ce n'est plus guère que de la chromolithographie. L'imprimerie proprement dite est comme absente de ces livres. Sans doute les copies des manuscrits sont curieuses et décorent bien une table de salon ou un oratoire ; sans doute la lithographie réussit maintenant d'une manière étonnante à reproduire ces dessins et ces couleurs, mais enfin, ce n'est pas là le manuscrit même, ce n'est pas non plus la limpidité, la transparence des images (on n'y arrivera jamais), et enfin, ce n'est pas là de la librairie. M. Curmer est un infatigable chercheur. Il y a longtemps qu'il avait trouvé : la publication de son édition de *Paul et Virginie* de 1837 est une date dans les annales de la typographie.

Rien de nouveau aux expositions de Mme Ve Renouard et de M. Armengaud. Leurs grands ouvrages illustrés de gravures sur acier et sur bois ont reçu déjà leur part d'éloges. M. César Daly, pour l'architecture, M. Lièvre, pour les collections d'art, méritent aussi qu'on les mentionne pour les louer, et, dans un genre moins élevé, M. Charpentier, de Nantes, dont les livres illustrés ont du débit. Quelques-uns sont tout près d'être beaux, mais la lithographie ne rehausse jamais un texte avec autant de force que la gravure sur acier, et le bois même serait encore plus riche qu'elle. La lithographie n'a tout son charme que lorsqu'elle est isolée.

L'exposition de M. Furne, Jouvet et Cie est une des bonnes. On trouverait en effet peu d'éditions mieux conçues que celles de cette maison qui ne fait point de l'art pour l'art, mais vend des livres d'une valeur littéraire plus que décemment ornés par des gravures ou par le seul attrait d'une belle impression. L'*Histoire de France* de Henri Martin est, dans les prix moyens, un type à imiter; les *Classiques* aussi. Les *Inventions modernes* relèvent la librairie à bon marché, et, pour le bon marché même, où trouver un échantillon plus heureux que cette édition in-18 des œuvres d'Augustin Thierry, qui se vend 1 fr. 50 c. le volume, prix fort?

MM. Garnier frères, qui n'ont pas exposé, méritent d'être félicités pour la direction nouvelle qu'ils donnent à leurs publications. Avec la puissance de vente dont ils disposent, ils serviront bien les intérêts de l'imprimerie et les leurs, en continuant de confier l'impression de leurs livres aux ateliers les plus distingués de Paris et en mêlant plus d'ouvrages solides de la littérature et de la science contemporaine à ceux qu'ils écoulent habituellement. Leurs Classiques et une belle Bible qu'ils ont fait imprimer auraient dû figurer à l'Exposition.

On a su gré à M. Charpentier, de Paris, l'éditeur de la *Revue nationale*, qu'il poursuit avec persévérance, des soins qu'il a pris pour créer à la fois aux œuvres d'Alfred de Musset plusieurs générations et plusieurs classes de public. La *Bibliothèque* qui porte son nom est un cadre qu'il devrait continuer de remplir en restant l'égal de lui-même. On doit aussi encourager M. Germer Baillière qui, au vieux fonds de médecine de son père, a joint, comme par un coup de théâtre, toute une bibliothèque de philosophie et d'histoire, de nature à nourrir les pensées de la jeunesse.

La médecine et la science continuent d'être dignement représentées par les livres de M. Victor Masson qui, avec des imprimeurs comme MM. Claye, Raçon, Martinet, a tout fait pour que, dans les bibliothèques de notre temps, ces publications brillassent par d'autres qualités que leur nécessité même. Il lui est né un futur compétiteur du prix des beaux ouvrages scientifiques, M. Adrien Delahaye. Il a employé, avec le même succès, les mêmes moyens, et son exposition, moins étendue, est aussi soignée. Nous y voyons s'introduire le cartonnage en toile des Anglais, innovation pour les livres de médecine et de science. On peut désirer plus de simplicité dans les titres de ces reliures. La vieille maison J.-B. Baillière n'a exposé que dans la classe 11 (Médecine).

D'autres encore ont droit à être nommés ici : MM. Didier et Cie, pour leurs publications variées; M. Dunod, M. Baudry, surtout pour leurs ouvrages de science et de génie; M. E. Lacroix, pour l'extension qu'il donne à ses traités industriels, et enfin M. Hetzel dont l'activité est infatigable et chez qui les idées originales n'ont jamais manqué.

La maison Delagrave, auparavant Tandou, et bien plus connue encore sous le nom de MM. Dezobry et Magdeleine, est l'une des plus laborieuses parmi celles qui alimentent les classes des lycées et des écoles, et qui joignent aux livres d'enseignement élémentaire ou secondaire des ouvrages faits pour instruire les gens du monde. Ses dictionnaires d'histoire et de science sont pour le moins égaux à ceux qu'on avait entrepris avant elle, et il semble qu'elle ne s'arrêtera pas dans la voie qui l'a conduite à éditer déjà des œuvres de littérature générale, en suivant l'exemple donné en 1852 par la maison Hachette,

Quant à la librairie Guillaumin, on sait partout, en France et à l'étranger, combien la science économique est redevable à son fondateur. Ses publications, pendant trente ans, ont puissamment servi à la vulgarisation des principes dont il est le plus utile qu'un peuple se pénètre. Avec un zèle, un désintéressement sans égal, il a consacré sa vie entière, jusqu'à l'épuiser, à la création, à la dissémination d'un genre de livres auxquels il fallait aussi créer des lecteurs. Jamais il n'avait exposé ses collections, même les meilleures. Maintenant qu'il n'est plus, nous devons lui donner la place qu'il a méritée dans cette revue des travaux de la librairie française. Le *Journal des Économistes*, qu'il a fondé, est arrivé à sa vingt-sixième année ; l'*Annuaire de l'Économie politique*, à la vingt-cinquième. La collection des *Principaux Économistes* a pris place parmi les monuments de la science ; celle des *Économistes et Publicistes contemporains* compte déjà 60 volumes, et la *Bibliothèque des Sciences morales et politiques* près de 80. Il est à peine nécessaire de rappeler ici le *Dictionnaire d'Économie politique*, ouvrage qui a exercé une heureuse influence, et le *Dictionnaire du Commerce et de la Navigation*, recueil d'une méthode, d'une clarté, d'une abondance qu'on ne saurait surpasser. Un tel ouvrage aurait enrichi déjà un éditeur étranger. A peine M. Guillaumin a-t-il été payé de son labeur et du sacrifice même de sa vie par l'estime des personnes vouées aux études économiques ; mais la conscience des services qu'il rendait était sa première récompense. Ni en Angleterre, ni en Allemagne, ni en Italie, il n'existe de maison uniquement vouée comme la sienne à la propagation des vérités économiques, et son nom restera non-seulement dans l'histoire particulière de la librairie française, mais dans les annales de la propagation des doctrines progressives.

§ 4. — Imprimerie et Librairie à l'étranger.

Il est bien difficile que, aux expositions universelles, tous les peuples prennent la place qu'il leur appartiendrait de remplir, surtout quand l'intérêt n'excite pas l'émulation. Comme il y a fort peu de chances pour que jamais un imprimeur étranger reçoive des commandes de France, tandis que le contraire arrive, l'imprimerie de l'Allemagne, de la Belgique, de l'Italie, ne se sent pas grande envie de nous envoyer l'échantillon de tout ce qu'elle peut faire, et la librairie elle-même ne s'empresse point d'exposer.

Mais, n'y aurait-il pas au Champ-de-Mars un seul livre anglais ou allemand, nous n'en saurions pas moins que, généralement, on imprime avec plus de soin les ouvrages ordinaires en Angleterre et en Allemagne qu'en France, mais que nos imprimeurs et nos libraires prennent leur revanche pour les ouvrages de luxe et de goût, et que nos gravures et nos lithographies sont toujours les plus belles ou les plus élégantes que l'on fasse. L'imprimerie anglaise, nous l'avons dit, est servie par la régularité même de ses caractères et par la qualité de ses papiers. En Allemagne, c'est la conscience de l'ouvrier et un grand respect des traditions qui assurent aux impressions courantes leur bonne exécution.

Pays-Bas. — Les Hollandais ont beaucoup imprimé jadis; mais, à deux ou trois exceptions près, leurs imprimeurs ont fait presque toujours de la pacotille, de la librairie d'exportation et de contrebande. Il n'y a rien de bien extraordinaire dans l'exposition des Pays-Bas de 1867. On a approuvé, toutefois, les caractères et les spécimens de typographie de la vieille maison Enschedé, de Harlem, les reproductions de M. W. Van der Weijer, d'Utrecht, et quelques impressions orientales qui se font à Amsterdam et à Leyde.

Belgique. — Il était à craindre, depuis 1852, que les ouvriers belges n'expiassent le long régime de la contrefaçon abolie par les nouvelles conventions littéraires. Mais l'ouvrage n'a pas manqué et les salaires ont haussé. En 1852, le compositeur gagnait 2 fr. 75 c., journée moyenne; il gagne 3 fr. 20 c.

La Belgique, en exploitant son propre fonds, l'a trouvé plus riche qu'elle ne le supposait, et le goût de faire des livres convenables lui est venu. Certaines de ses éditions sont dignes d'estime. La spécialité des livres de liturgie et de piété est surtout florissante. M. Dessain, de Malines, est le principal imprimeur en ce genre.

M. Muquardt, de Bruxelles, a exposé des livres illustrés, traités avec élégance; M. Van Doosselaere, de Gand, des impressions remarquables par les difficultés vaincues; et M. Annoot-Braeckman, de Gand, des spécimens de typographie assez distingués. Néanmoins, tous les livres belges ont l'air provincial à côté des nôtres, et, quelquefois, un peu l'air allemand. Tout y est d'un ton gris. Quelques chromolithographies bien enlevées ont été envoyées par M. Severeyns de Saint-Josse-ten-Noode et MM. Brepols et Dierckx, de Turnhout.

Allemagne. — Les Allemands ont d'excellentes imprimeries, bien conduites, bien outillées, dont les chefs sont des gens de science, s'ils ne sont pas toujours des gens de goût, et des librairies beaucoup plus occupées que les nôtres des véritables conditions de la vente régulière des livres par masses considérables. On y fait, d'ailleurs, sa réputation à meilleur marché. Il suffit d'un ouvrage bien réussi, d'un livre utile et en vogue. Des maisons très-connues n'ont pas plus de cinq ou six presses dans leur atelier.

L'Imprimerie royale de Berlin, qui n'a pas l'importance de notre Imprimerie impériale, a réduit son envoi à quelques épreuves de papier-monnaie et de billets de banque; mais quatre maisons de Berlin ont bien représenté la Prusse : celle de M. Decker, qui est de premier ordre et qui a publié, avec de beaux livres religieux, une édition des *Œuvres de Frédéric II*, grand in-4°, qui honorerait partout une imprimerie; celle de M. Duncker, dont on a remarqué les collections variées et les publications artistiques; celle de MM. Ernst et Korn, qui s'occupe des mêmes publications que la librairie

Morel, de Paris, et avec un grand goût, et celle de MM. Trowitzsch, fondeurs et typographes qui soignent toutes les parties du matériel typographique et ont imprimé près de 2 millions de Bibles. Ils ont exposé le texte d'une petite Bible tirée sur clichés à plus de 500,000. Ce texte est net et les clichés n'ont pas souffert visiblement. On peut citer encore les fontes de MM. W. Gronau, de Berlin.

Le premier rang, en Allemagne, est à MM. Giesecke et Devrient, de Leipzig. La richesse, l'éclat de leur exposition a frappé même les indifférents. A côté de livres exécutés avec toute la sévérité des maîtres, et d'autres ouvrages aussi élégants que corrects, ils ont soumis au jugement de leurs émules de tous les pays un choix de chefs-d'œuvre dans les genres les plus variés de la lithographie, de la gravure et de la typographie d'art. A ce qu'il semble, nous n'avons pas en France d'établissement aussi complet (à Tours, chez M. Mame, on n'imprime pas pour le commerce), et personne parmi nos imprimeurs n'a le droit de se dire plus habile. Les ouvrages de MM. Giesecke et Devrient sont au moins au niveau de ce qui se fait de mieux en Angleterre. C'est en 1852 seulement que cette maison a été fondée. Quoique son but fût dès le commencement d'atteindre les sommités de l'art, elle dut ne s'occuper d'abord que d'ouvrages de ville, avec une mécanique et 3 presses à bras. Au bout de trois ans, le goût, le style de ses plus vulgaires travaux l'avaient déjà fait rechercher et elle occupait 4 mécaniques et 9 presses. Bientôt la lithographie, la gravure sur bois et en taille-douce et la stéréotypie dans toutes ses applications, puis la reliure, y prirent une place qui ne cessa de grandir. En 1859, l'établissement était en mesure de tout entreprendre et de tout exécuter. On y compte maintenant 10 mécaniques et 26 presses à bras typographiques, 24 presses lithographiques, 26 presses en taille-douce. Il s'y imprime par an plus de 20,000 rames de papier.

Deux autres maisons de Leipzig ont figuré avec honneur à

l'Exposition : celle de M. Loreck, qui a étalé une collection de grammaires de presque toutes les langues usitées, d'une impression nette, d'un bon caractère et solidement cartonnées (l'Imprimerie impériale seule, en France, pourrait produire cette collection), et celle de MM. Brockhaus, depuis longtemps connue en France. Elle date de 1805. MM. Brockhaus sont libraires, fondeurs et imprimeurs. Leur imprimerie possède 40 presses à bras, 17 presses à vapeur et 9 machines à satiner. Ils occupent près de 600 personnes. Leur établissement a presque entièrement été renouvelé dans ces dernières années. Il n'y a rien qui soit hors ligne dans leur production, mais tout est fait comme il faut et se vend bon marché. La librairie Brockhaus a envoyé à l'Exposition, sans autre choix, un exemplaire de ses publications récentes, relié ou cartonné par elle-même. Ces ouvrages sont tous intéressants. L'histoire, les voyages, la science forment le gros du catalogue. MM. Brockhaus ont vendu jusqu'à 300,000 exemplaires de leur *Conversations-Lexikon*, que complète la revue *Unsere Zeit* (Notre Temps). Ce chiffre dit assez sur quelle large publicité peuvent compter les bons livres en Allemagne. Un traité sur le commerce, s'il est de quelque valeur, s'y vendra à 30, 40, 50,000 exemplaires. En France, c'est tout au plus si l'on placera une édition de 2 ou 3,000.

MM. Brockhaus ornent de gravures sur acier et de lithographies quelques ouvrages de luxe. Leur *Schiller-Galerie* a déjà été remarquée en 1862, à Londres.

La musique de MM. Breitkopf et Haertel, de Leipzig, est considérée depuis longtemps comme très-bien imprimée. Il y a cent ans que cette maison fait de la musique typographique avec une grande habileté. On a pu le voir cette année en feuilletant les œuvres de Beethoven. Nos tirages ne sont pas d'un noir si net.

Nous avons remarqué les gravures de M. Schülgen, de Dusseldorf, les impressions de M. Keller, de Giessen, les lithochromies de M. Gérold, de Berlin, les journaux et la musique de M. Hallberger, de Stuttgart; les impressions en couleur et les livres de M. Ebner et de MM. Ebner et Seubert, de Stuttgart; les fontes de M. Dresler, de Francfort, et de M. Manz, de Ratisbonne, et les missels de M. Pustet (Bavière), qui sont à placer parmi les mieux faits qu'on puisse voir.

Autriche. — L'Imprimerie impériale de Vienne causa à tout le monde une grande surprise, en 1855. Elle exposait à la fois vingt chefs-d'œuvre et des nouveautés imprévues, jusqu'à des planches de cuivre de 10 mètres, des types gravés pour copier les incunables, et de la lithochromie excellente. On a été moins étonné cette fois, parce que la révélation était faite (1).

Les librairies Braumueller et Gérold et l'imprimerie Zamarski, de Vienne, ont envoyé de beaux et bons livres de fonds. M. Engel, de Vienne, et M. Emisch, de Pesth, réussissent également dans la typographie et dans l'illustration par la lithographie ou la gravure. MM. Paterno, Reiss et J. Stou exposaient les lithographies en couleur d'une jolie touche. Nous en reparlerons au chapitre de la lithographie, ainsi que des lithochromies de MM. E. Hölzel et Neumann. C'est un travail que l'on fait bien en Allemagne.

L'impression des cartes est un des genres que les Allemands réussissent aussi. Nous avons vu à l'Exposition, à côté des ouvrages de Kiepert, de Reimer et d'Olmann, qui sont connus, une très-grande et belle carte sur pierre, de M. Fleming, de

(1) L'Imprimerie « impériale et royale de la Cour et de l'État » occupe environ 700 personnes. Par semaine, le salaire des ouvriers varie de 7 florins 25 à 14.55 pour les compositeurs; de 7.06 à 12 pour les pressiers; de 9.25 à 13.12 pour les conducteurs de machines; de 6.75 à 8.61 pour les mécaniciens; de 7 à 9.30 pour les imprimeurs en taille-douce; de 8.30 à 12.50 pour les lithographes; de 6.65 à 13.12 pour les fondeurs. Le florin valant 2 fr. 45, on voit combien les salaires sont peu élevés en Allemagne.

L'Imprimerie impériale de Vienne possède 2 grandes machines dont une française, 31 machines à un seul cylindre, 7 presses à bras en fer; 25 presses à bras ordinaires, une presse mécanique et 12 presses à bras, pour la lithographie; 2 presses à main et 9 presses à vapeur, pour la taille-douce. Les aquarelles lithographiques sorties de ses ateliers sont très-élégantes.

Glogau, qui méritait de fixer l'attention. Les cartes en couleur, de l'Institut géologique d'Autriche, sont également remarquables.

Y compris l'Autriche, la librairie allemande compte 2,756 établissements, dans 622 villes, et, en outre, 381 maisons situées dans les divers pays d'Europe, et représentées à Leipzig par un commissionnaire, et 30 maisons situées en Asie et en Amérique. Les centres de la librairie allemande sont Leipzig, Augsbourg, Berlin, Francfort-sur-le-Mein, Munich, Nuremberg, Prague, Stuttgart, Vienne et Zurich.

Les journaux allemands illustrés ne sont pas sans mérite. A ce propos, nous pouvons noter qu'en 1866, l'Autriche seule publiait 362 journaux, dont 134 politiques.

Italie. — Quand l'illustre Bodoni, à Parme, fonda sa grande imprimerie, il avait tout à créer, et il arriva à balancer la réputation des Didot. Que l'Italie ne désespère donc point de voir surgir de son sein un imprimeur fait pour la gloire. Ce qu'elle produit en ce moment n'est pas à la hauteur du rang qu'elle a pris parmi les nations, malgré les qualités constatées dans les envois de M. Pomba, de Turin (typographie), de M. Lemonnier, de Florence (éditions), de M. Barbera, de Florence (impressions diamant), de M. Nistri, de Pise, de M. Cellini, de Florence, de M. Civelli, de Milan (jolies cartes à 10 centimes), de M. Lao, de Palerme et de M. Nobile, de Naples (typographie et typochromie).

Suisse. — On n'a distingué que les paysages en aqua-tinta de M. Brunhofer, de Soleure, et quelques livres et journaux de M. Bridel, de Lausanne.

Espagne. — Si l'Italie a eu son Bodoni, l'Espagne a eu un Ibarra au siècle dernier. On n'y a pas oublié, sans doute, son beau *Salluste*. A l'Exposition figuraient quelques envois de Barcelone, de Cadix et de Madrid. Seul, M. Rivadeneyra exposait un livre digne du nom de livre, un *Don-Quichotte*, objet, du reste, cher à l'Espagne, et encore la main de l'ouvrier français semble y avoir touché.

Il y a 105 imprimeries à Madrid, pourvues de 150 machines tirant un million de feuilles environ; mais le travail manque souvent et l'habileté du personnel n'est pas grande. On a proposé d'ouvrir à Madrid une école de typographie pour relever le métier de sa décadence; on a proposé même un plan d'études, un peu compliqué, qui dureraient cinq ans. Il existait, jusqu'en ces derniers temps, une Imprimerie royale en Espagne. On a jugé que son existence était la cause principale de la paralysie de l'industrie particulière, et elle vient d'être supprimée.

N'oublions pas de citer les belles éditions de musique que l'Espagne nous a envoyées. On a été agréablement surpris de leur bonne exécution. M. B. Eslava, de Madrid, notamment, a envoyé une *Méthode d'Orgue* qui est distinguée.

Portugal. — Tout renaît à la vie dans ce petit royaume, et l'imprimerie, notamment, y a fait des progrès étonnants en peu d'années, sous l'inspiration de quelques jeunes gens d'élite envoyés à Paris pour étudier la typographie à l'Imprimerie impériale. L'Imprimerie royale de Lisbonne a mérité, en 1867, un des meilleurs rangs du concours. Ses tirages en couleur sont fort heureux. À côté de cette imprimerie privilégiée, MM. Lallemant frères ont une fonderie et une typographie d'où sortent de bons ouvrages. Les impressions portugaises ont bien encore un peu le goût du pays, mais cette manière n'est pas contraire au bon goût.

Égypte. — A Boulâq, faubourg du Caire, le gouvernement égyptien possède une imprimerie bien montée qui travaille à l'européenne et dont les produits ont déjà bien tenu leur place aux expositions. Cette fois encore, quoique au-dessous de ce que fait le Portugal, on a noté avec faveur ces ouvrages de genres divers, tous instructifs, qui ne seraient pas aussi bien imprimés en Espagne.

Grèce. — M. Philadelphien, de l'Attique, avait quelques impressions recommandables. Une collection de journaux grecs, attachés à la muraille, faisait un effet singulier. Nous ne sommes pas habitués à voir la langue et les caractères d'Homère se présenter à notre regard sous cette forme si moderne.

Russie. — Pour la Russie proprement dite, il n'y a à citer que le nom de M. Golovine, imprimeur à Saint-Pétersbourg, et celui de M. Lehmann, fondeur de caractères. Varsovie avait envoyé les types et clichés de M. Orgelbrandt et d'assez remarquables lithographies et chromolithographies de M. Fajans. Une mention aux livres et aux lithographies de la Société littéraire finlandaise.

Suède, Norwége, Turquie. — La Turquie, la Suède et la Norwége ont exposé. Doit-on considérer les provinces Danubiennes comme un pays turc ? C'est alors le lieu de dire le plaisir que cause la vue d'un journal consacré à la typographie qui paraît à Bucharest et qui est imprimé de façon à paraître une publication anglaise.

Danemark. — Il y a à Copenhague un éditeur qui serait remarqué en France ou en Allemagne, M. Bianco-Luno. Il exposait des éditions ordinaires et des livres illustrés (1).

Amérique. — Les États-Unis, on pourrait le dire, n'ont pas exposé. Cependant on y imprime énormément et on y fait le journal et l'illustration courante avec un plein succès. Remercions MM. Appleton, Houghton et Merriam de n'avoir pas dédaigné le concours. Leurs livres illustrés ne l'ont pas déparé. Trois ou quatre autres imprimeurs et éditeurs ont envoyé comme eux quelques-uns de leurs ouvrages. Nous au-

(1) Depuis 1862, il y a une imprimerie et une lithographie installées à Godthaab, dans le Groënland.

rions voulu voir plus d'impressions en couleur et plus d'échantillons de taille-douce. Les Américains en fabriquent avec habileté pour décorer des marchandises. Mais il faut se garder de juger les États-Unis par le peu qu'on a vu d'eux. C'est la terre promise de l'instruction publique et, un jour ou l'autre, l'imprimerie qui y travaille déjà tant, cherchera à s'y élever jusqu'à l'art.

Il n'est pas rare d'y voir un ouvrage se vendre à plus de 100,000 exemplaires. Quelques-uns ont été bien au delà de ce chiffre. Le prix, le sujet trop spécial d'un livre, n'arrête personne, comme chez nous, dès qu'il s'agit de s'instruire sérieusement. Il s'est vendu 65,000 exemplaires du *Voyage aux régions arctiques*, de Kane, et ces deux volumes rapportaient un dollar de droits à l'auteur, à la vente de chaque exemplaire. Quel est, en France, l'écrivain qui, avec un récit de voyage presque scientifique, a jamais gagné 65,000 dollars ou 325,000 francs ? Le plus souvent, en pareil cas, on ne serait imprimé que par grâce.

La musique même est très-répandue. Il a été publié 40 éditions de la *Collection des œuvres d'Haëndel et d'Haydn*, arrangée par le docteur Lowell Masson, et ses *Carmina Sacra*, vendus à plus de 500,000 exemplaires, lui ont valu 250,000 fr. de droits. On assure que les 116 petits volumes d'instruction de Peter Parley (Samuel Goodrich) ont été imprimés à 14 millions d'exemplaires.

Voici comment s'est développé, par périodes, la fabrication des livres aux États-Unis :

En 1820, la production est évaluée à 12 millions et demi de francs ; 17 millions et demi, en 1830 ; 27 millions et demi, en 1840 ; 63 millions, en 1850. En 1856, on l'évaluait à 80 millions de francs, dont 30 pour New-York, 17 pour Philadelphie, 10 pour Boston, 6 pour Cincinnati, 4 pour le district de Washington.

En 1811, il n'y avait aux États-Unis que 500 imprimeries ; on assure qu'il y en a maintenant 4,000 et même davantage, le double au moins de ce qu'il y en a en France, lithographies comprises. La valeur de leur production atteint et dépasse même 80 millions par an pour les livres, et 200 millions avec les journaux et les impressions diverses.

Le nombre des ouvrages nouveaux publiés aux États-Unis dans les derniers temps est d'environ 4,000 par an, formant 5 ou 6,000 volumes.

De 1851 à 1857 inclusivement, dit M. John Bigelow (*les États-Unis d'Amérique*, 1863), il a été importé aux États-Unis des livres pour une somme : en 1851, de 2 millions 470,760 francs ; — 1852, de 2 millions 838,575 francs ; — 1853, de 3 millions 616,105 francs ; — 1854, de 4 millions 884,443 francs ; — 1855, de 4 millions 406,855 francs ; — 1856, de 3 millions 830,840 francs ; — 1857, de 4 millions 372,020 francs.

Une particularité à signaler à propos du commerce de la librairie, aux États-Unis, c'est qu'il se tient deux fois par an, à New-York, à Philadelphie et à Cincinnati, des ventes à l'encan, alimentées par les éditeurs, et auxquelles assistent les libraires détaillants. Ces ventes ont lieu depuis trente ans avec un plein succès, et il s'y débite annuellement pour 4 à 5 millions de librairie.

La classification des livres publiés aux États-Unis, du 1er janvier 1856 au 1er mars 1858 les répartit de cette manière : Éducation, 748 ouvrages ; — Histoire naturelle, physique, agriculture, 180 ; — Biographie, 213 ; — Essais, poésie et fictions, 1,067 ; — Théologie, 842 ; — Histoire, 231 ; — Livres pour la jeunesse, 117 ; — Musique, 154 ; — Voyages, 157 ; — Médecine, 138 ; — Droit, 28 ; — Classiques, 61 ; — Sciences mécaniques, 80 ; — Divers, 200. — Total, 4,880 ouvrages, formant 5,302 volumes.

Mais c'est le mouvement des journaux qu'il est surtout intéressant de suivre. Il en existait, en 1860, plus de 4,000, dont 3,200 au moins s'occupant de politique, et 386 paraissant tous les jours. On en comptait déjà 100 en Californie et presque autant au Texas. Le tirage général de tous ces journaux et de ces revues était de 927,951,548 exemplaires, ce qui donne une proportion de plus de 34 exemplaires par individu de la population blanche. Dix ans auparavant, la circulation n'allait pas à plus de 426,500,000 exemplaires. Les trois États de New-York, de la Pensylvanie et du Massachusetts fournissent près de 550 millions d'exemplaires, plus de la moitié du tirage.

Le nouvel établissement du *Public Legder*, avec la papeterie construite pour l'alimenter, près de Philadelphie, vaut aujourd'hui plus de 10 millions. Il y a trente ans que ce journal a été fondé par trois ouvriers imprimeurs qui risquèrent dans l'entreprise leurs modiques économies. C'était le premier journal à bon marché qui eût paru aux États-Unis. L'abonnement à la semaine ne coûte que 40 centimes. Chaque numéro forme quatre grandes pages et se tire à 70,000 exemplaires.

Les grands journaux américains sont plus répandus encore que ceux de l'Angleterre. Le *New-York Herald* compte trois fois plus d'acheteurs que le *Times*. Il tire, dit-on, à 170,000, et le *New-York Weekly Tribune*, à 200,000. Le propriétaire du *New-York Herald* déclarait naguère, à la taxation municipale du revenu, que ses bénéfices personnels dépassaient 750,000 francs par an.

Les journaux des Américains ne sont pas inconnus en France, mais il y arrive peu de leurs livres, sauf des almanachs et des rapports officiels. Ces rapports et ces almanachs sont mieux composés et généralement mieux tirés que les nôtres.

Si quelqu'un, à Paris, veut avoir une idée de la manière dont on imprime aux États-Unis depuis la fin du siècle dernier, il n'a qu'à aller visiter la collection américaine de la bibliothèque de la Ville de Paris, qui, malheureusement, depuis dix ans, n'a pu être continuée. On y verra, néanmoins, que plusieurs de nos grandes villes étaient encore dans une sorte de sauvagerie typographique quand déjà, de l'autre côté des Alleghanys, à trois cents lieues de la mer, des espèces de bourgades perdues dans les forêts avaient des recueils de loi d'une impression convenable.

Le reste de l'Amérique ne compte pas pour l'imprimerie, cependant il y a un journal illustré à Honolulu, dans les îles Sandwich.

Grande-Bretagne. — Nous avons dit ce que nous pensions des impressions anglaises. Le plus beau livre exposé est la *Bible du prince de Galles*, de M. Mackensie. Il n'en a été tiré que quinze exemplaires et chacun se vend plus de 2,000 francs. C'est vraiment un ouvrage d'élite. Le texte est fort, sans rudesse, et le parti pris de placer les notes et références marginales sur deux petites colonnes juxta-posées, au milieu même de la page, entre les deux larges colonnes du texte, n'est pas fait pour déplaire aux bons juges. Néanmoins, on ne saurait comparer cette bible à celle de M. Mame, à l'*Évangile* de MM. Hachette, à l'*Imitation* et aux *Évangiles* de l'Imprimerie impériale, aux *Éditions du Louvre* des Didot. C'est une tout autre figure.

Où les Anglais l'emportent, c'est dans les bonnes éditions ordinaires, dites de bibliothèque, et aussi dans les journaux ; mais, quoique leur papier soit meilleur, il dépendrait de nous, avec des ouvriers plus généralement instruits et moins de hâte dans le travail, moins de zèle pour la concurrence de ville, de faire tout aussi bien. Les Allemands y arrivent et vendent meilleur marché.

Il y a bien d'autres bons imprimeurs ou libraires que ceux qui ont exposé à Paris en 1867. Les Clowes, les Spottiswoode, les Bradburg, Evans et Cie, les Virtue, les Harrison, les Cassel, Petter et Gilpin, les Mackensie, les Chambers, les Murray, les Bagster, les Rivington, les Barritt, les Routledge, les Robert Rivière, les Moxon, les Teggs, les Griffin, les Longman, les Blackwood, les West, les Bain, les Jenkins et Cecil, les Ramage et Coppinger, les Westley, les Parker, les Mac Millar, les W. Metcalfe, les Nelson, les Blackie, les Collins, les Heywood, les Nimmo, les James Nichol, les Clark, les Edmonston et Douglas, les Bell et Daldy, les Fawcett, les Bennett, etc., de Londres, d'Oxford, de Cambridge, de Glasgow, de Manchester, d'Edimbourg, sont les plus habiles, les plus expérimentés. Deux ou trois fondeurs ont fait connaître la série de leurs types, et, sans contredit, ils sont d'une belle tournure dans leur fermeté : citons les pages de MM. Stephenson et Blake. Nous regrettons d'avoir vu si peu de cartes et de gravures.

Ce qui nous frappe le plus, dans les produits anglais de la classe 6, ce sont les lithographies en couleur. Elles ont un naturel, un coloris tout différent de ce qu'on trouve chez nous ; elles reproduisent avec un fini étonnant les aquarelles que les peintres de l'Angleterre excellent à peindre, et, en somme, on comprend que, réussissant chez eux ce genre si bien fait pour eux, les Anglais ne soient pas jaloux de ce que nous-mêmes faisons. Les chromolithographies de MM. Brooks, Hanhart, Rowney, Dickes, Day, Maclure, à des degrés différents, sont des œuvres très-distinguées.

Les Colonies anglaises impriment aussi bien que les États-Unis. Il ne faudrait pas qu'on fût moins habile et qu'on eût moins de goût à Marseille ou à Bordeaux qu'à Québec, à Melbourne ou à Bombay.

On exécute de très-belles impressions musicales en Angleterre, comme le prouve l'exposition collective des éditeurs de Londres (1).

Mais, pour le répéter, tout ce que font les imprimeurs anglais, nous pouvons le faire, et ils ne sauraient faire d'ici à longtemps probablement ce que nous-mêmes faisons. Les Baskerville, les Bulmer, les Bensley, les Pickering ne se voient pas tous les jours.

(1) L'établissement « *The Bookseller* » a fait aussi une sorte d'exposition collective de livres des principaux libraires et imprimeurs anglais. « Bonne impression et belle reliure, » dit le catalogue. Ce catalogue est à consulter si l'on veut connaître les bons ouvrages. A Noël, le *Bookseller* publie un très curieux feuilleton d'annonces et de spécimens de la librairie anglaise d'étrennes.

En 1862, il a été publié 4,828 ouvrages à Londres, et 4,530 en 1864. On y comptait alors 694 imprimeries, dont près d'une centaine ne travaillant pas.

Pour ce qui concerne spécialement la publication des journaux, en 1850, alors qu'existaient la taxe du papier et le timbre des annonces, leur nombre était de 700, dont 37 quotidiens (15 à Londres, 10 dans les comtés anglais, 7 en Écosse et 5 en Irlande). Six ans plus tard, lorsque la taxe du papier eut disparu, on en comptait 1,200, dont 878 pour l'Angleterre seule, et, au lieu de 15, Londres publiait 21 journaux quotidiens. En 1868, on a constaté l'existence de 1,735 feuilles périodiques : 1,373 pour l'Angleterre proprement dite, 83 pour le pays de Galles, 144 pour l'Écosse, 101 pour l'Irlande et 2 pour les îles de la Manche.

Les ouvriers compositeurs anglais sont un peu plus payés que les nôtres, mais surtout il y a pour eux cet avantage, que presque dans tous les ateliers, les travaux sont exécutés par une association, une « commandite » d'ouvriers qui rivalisent naturellement de zèle et de soin pour en tirer le plus de profit possible, et qui ne laissent au « metteur en pages » qu'un très-léger droit de supériorité. Il faut dire que les ouvriers anglais sont en masse plus habiles que les ouvriers français, parce que dans la typographie anglaise il existe un apprentissage sérieux, et que, au moment où il prend rang à l'atelier comme compositeur, l'apprenti, qui, du reste, n'a pas fait tout son temps d'apprentissage sans salaire, se trouve presque toujours capable de bien exécuter les travaux les plus difficiles. De plus, l'imprimerie est libre en Angleterre exactement comme les autres industries.

CHAPITRE III.

IMPRESSIONS LITHOGRAPHIQUES.

Si le hasard avait fait naître Senefelder avant le père de la typographie, et qu'il eût découvert la manière d'obtenir, sur

sur une pierre d'un grain serré, fin et abondant, des dessins et des écritures d'un relief susceptible d'être encré et imprimé, la facilité de la plupart des opérations de la lithographie aurait probablement fait qu'on se fût appliqué à obtenir d'elle, par tous les moyens possibles, les œuvres diverses de la typographie, de la gravure sur bois et même de la gravure en taille-douce, et la typographie proprement dite aurait eu quelque peine à naître.

Senefelder, musicien de Prague, établi à Munich, était, on le sait, à la recherche d'un procédé qui lui permît de graver lui-même sa musique, et il s'était arrêté à la gravure en relief du cuivre; mais, ayant besoin de s'exercer à écrire au rebours et n'étant pas assez riche pour faire ses essais sur le métal, il avait pensé à se servir de la belle pierre calcaire de Solenhofen, et y écrivait avec une encre de cire, de savon et de noir, soluble dans l'eau, qu'il enlevait après chaque exercice. Pressé un jour, il y inscrivit la note de sa blanchisseuse pour la recopier plus tard, puis, au moment de la transcrire, l'envie lui vint de verser de l'acide sur sa pierre. Bientôt l'acide l'eut mordue partout où l'encre ne la recouvrait pas, et l'écriture parut en relief, avec assez de netteté et de rigidité pour se prêter à une impression telle quelle. C'était en 1796. Senefelder ne commença que trois ans après à faire un art pratique de sa découverte. Il lui fallut retoucher son encre, inventer une presse qui ne fût pas celle de la taille-douce, dont il avait usé d'abord, ni celle de la typographie, qui est faite pour des caractères solides et en planches d'un même niveau, composer des crayons pour le dessin sur pierre, trouver une préparation de la pierre pour empêcher la solubilité du crayon. Il suffit à tout, mais au prix d'études continuelles. Il découvrit même qu'au moyen de l'humidité, il est possible de reporter sur la pierre un dessin, une gravure, une page d'impression typographique, et enfin il imprima, le premier, des lithographies en couleur, à plusieurs tons, avec des pierres « repérées, » c'est-à-dire ajustées.

En France, la lithographie, dont nous n'avons pas à faire l'histoire, dut ses premiers succès à la persévérance et à la générosité de M. de Lasteyrie, puis aux efforts d'Engelmann. Quand on assiste, comme nous, à l'épanouissement d'un art, on a de la peine à comprendre qu'il ait fallu si longtemps pour le développer, et nous ne saurions nous imaginer aujourd'hui par combien d'essais informes la lithographie a passé avant de nous donner des chefs-d'œuvre. Les pierres étaient mal préparées, les encres et les crayons imparfaits ; on ne savait se servir ni du grattoir, ni de la pointe, ni du pinceau ; le tirage avait de la dureté. Mais peu à peu la patience et l'étude triomphèrent des difficultés, et, après n'avoir d'abord paru propre qu'à la reproduction de prospectus ou d'écritures commerciales, la lithographie devint le moyen favori des artistes pour placer eux-mêmes leurs compositions sous les yeux du public, sans recourir à des intermédiaires et à des traducteurs infidèles.

Après Senefelder et Engelmann, s'il est un homme qui puisse prétendre à personnifier les progrès de la lithographie, c'est M. Lemercier. Entré dans le métier en 1822, il a été l'ouvrier le plus habile, le plus ingénieux, le plus opiniâtre, et ensuite le chef toujours actif, toujours entreprenant, de la maison la plus complète qui se soit formée en Europe. Cette maison jouit depuis plus de vingt ans d'une grande renommée ; c'est là que se sont formés, comme dans une académie, les praticiens qui honorent le plus leur profession ; c'est là qu'ont été cherchées et trouvées presque toutes les découvertes de détail au moyen desquelles l'art de la lithographie a pu multiplier et varier ses œuvres à l'infini.

Comme dans les ateliers du moyen âge, chacun avait travaillé d'abord à l'aventure avec ses procédés à soi et se cachant soigneusement d'autrui. Mille petits secrets, dont le succès dépendait souvent du hasard, tenaient lieu de cet enseignement traditionnel à la fois et publiquement perfectionné qui fait la force de la science et de l'industrie modernes. La divulgation d'un véritable système pratique et raisonné d'impression lithographique est due à M. Lemercier, et c'est un honneur pour la France que l'art de Senefelder ait prospéré chez nous en si peu de temps, et que nulle part ailleurs il n'ait donné plus abondamment de plus beaux fruits. Nous venons de voir quel rang occupent nos typographies d'art, sinon nos imprimeries ordinaires. Nous verrons bientôt que, pour l'impression de la gravure sur bois, notre supériorité est également avouée de tous.

La lithographie est restée jusque vers 1848 un art dans toute la force du terme. Elle a pris depuis un caractère industriel; mais alors encore, en mettant de côté toute la partie des écritures de commerce laissées aux petits ateliers, elle ne s'occupait guère que de reproduire de beaux dessins de maîtres et s'étudiait à leur donner toute leur finesse et tout leur coloris par la seule impression en noir, mêlée tout au plus d'un ton de lavis, et à peine aidée d'un rehaut de couleur sobre. Depuis 1848, pour lutter avec la photographie, et répondre aux goûts, aux besoins de l'époque, la lithographie s'est tournée vers les genres faits pour se vendre en quantités, et a recouru aux impressions en couleur, qui lui ont ouvert une carrière nouvelle. En même temps elle a été utilisée, dans le mouvement industriel qui s'est développé depuis, pour la fabrication des fonds d'actions et d'obligations. Mais elle n'a pu prendre tout son essor dans ces directions nouvelles que lorsque l'emploi des reports lui eut facilité la production, comme celui des clichés galvanoplastiques a aidé la chromotypographie et l'impression de la gravure sur bois, et lorsque la mécanique se fut mise à son service pour activer les tirages en les rendant moins coûteux.

En 1855, le rapporteur du Jury, M. Louis Förster, de Vienne, rendit un hommage éclatant à la supériorité des productions sorties de la maison Lemercier, la première de toutes, en France et hors de France. En 1867, M. Lemercier, malade au moment où l'Exposition allait s'ouvrir, n'a pu surveiller lui-même l'installation de ses envois : ils ont été mis en place trop tard pour concourir, mais personne, dans les conditions ordinaires de la comparaison, ne lui eût disputé le premier rang, cette fois encore.

L'imprimerie Lemercier et Cie n'occupe pas moins de 250 personnes et fait marcher 100 presses à bras. Quatre presses mécaniques, mues par la vapeur, y servent aux tirages, mais de 500 exemplaires au moins (1), soit pour la lithographie courante en noir, soit pour la lithochromie à huit, dix et douze couleurs. Elles peuvent même aller plus loin.

En outre, dans cette imprimerie, il existe maintenant 30 presses à imprimer la taille-douce. On a pu voir les épreuves qu'elles donnent : il n'y a rien à y reprendre. On retrouve aux vitrines de M. Morel ces planches si fines, si élégantes, du palais de Fontainebleau, de l'hôtel de ville de Lyon, et tant d'autres ouvrages où la gravure et la lithographie rivalisent et se prêtent secours.

Dans la classe 9, le chef de la maison a exposé ses lithophotographies ; dans la classe 7, ses produits chimiques, car il fabrique encre, papier autographique, crayons, couleurs, et il vend partout ses produits, comme il imprime pour presque tous les pays, recevant même encore aujourd'hui des pierres toutes prêtes pour que le tirage soit fait sous ses yeux et avec ses conseils. Dans la classe 6, on n'a à juger que l'imprimeur.

Nous pourrions louer ses grandes cartes d'Allemagne, de l'Aube, du mont Blanc, de l'isthme de Suez, mais celles qu'expose l'Imprimerie impériale sont de beaucoup supérieures, et c'est ici le lieu de dire que l'exactitude du « repérage » en lithographie doit beaucoup à M. Deresmesnil. Félicitons-nous, quoi qu'il en soit, de ce que désormais les dessinateurs et les graveurs de géographie, les Erhard Schiéble, les Avril, les Greisendorfer, les Kantz, peuvent se donner carrière. Retenus par les limites étroites des planches de cuivre ou d'acier, ils ont la lithographie pour es-

(1) Il y a peu de temps il fallait encore un minimum de [illegible] exemplaires pour que la machine fût employée avec avantage.

produire leurs tracés sur de grandes pierres de choix, et pour donner, avec ses reports et ses repérages, une couleur spéciale aux cours d'eau, aux gisements minéralogiques, à tous les accidents de la nature que le géographe veut peindre. On admire ces belles cartes, mais il faut les avoir vues sortir de la presse pour comprendre combien l'imprimeur aide ici le dessinateur, et quelle difficulté il y a dans le tirage de ces grandes feuilles de papier sec qui ne doivent pas se retirer, se « retraire » en passant sur les pierres repérées, sur lesquelles enfin l'œil ne doit saisir aucune solution de continuité dans les couleurs.

La machine a paru longtemps incapable de servir la lithographie ; voici ce qu'elle fait maintenant. Un petit plan tiré en cinq couleurs coûterait 20 fr. le cent à la presse à bras ; sous la machine, il est aussi bien tiré, plus régulièrement même, et coûte 40 fr. le mille, soit un cinquième seulement de l'ancien prix. Tout ce que la machine peut faire, elle le fait mieux que la main ; elle ne perd pas de temps, ne se dérange pas, ne fatigue pas, n'use pas les pierres par le passage de l'éponge. Mais le noir, sauf le genre fait à la plume, elle doit le laisser à la main de l'homme, dès qu'il s'agit d'une œuvre d'art : le portrait, par exemple, que l'ouvrier seul sait tirer, car il n'est pas aisé d'harmoniser l'encre, et ce n'est que par un tact et avec un goût particulier que le pressier arrive à fournir une épreuve qui rende le modelé, le coloris, toutes les intentions de l'original.

La machine ne peut pas servir non plus à toutes les impressions en couleur. Les œuvres d'art, les reproductions de manuscrits, de miniatures, qui exigent 18 pierres, 18 repérages, les imitations de vieux tableaux, qui en demandent 24, 30 même (1), lui sont interdites. Les poudrages délicats qui

(1) Avec cinq tirages seulement, c'est-à-dire cinq pierres ou cinq couleurs (le bistre foncé, le jaune, le rouge, le bleu et la teinte neutre), on fait de charmantes épreuves d'aquarelles, à la condition que le travail de chaque pierre soit modelé à l'infini, du clair au foncé, par le crayon, et que les couleurs retombent harmonieusement les unes sur les autres.

rehaussent les couleurs ne sont guère compatibles non plus avec son emploi.

On assure qu'il se construit depuis quelque temps en Allemagne, à Nuremberg, des presses en fer pouvant tirer la lithographie comme la presse typographique et fournissant deux fois plus d'épreuves. L'avenir dira si cette découverte est viable; mais, dès à présent, c'est un grand progrès acquis que d'avoir pu employer la mécanique dans les tirages des genres de lithographie qui répandent le plus rapidement l'instruction, comme la géographie et le dessin linéaire.

Au-dessous des cartes exposées par M. Lemercier, nous avons étudié ses impressions en noir: de grands portraits, *la Bataille de Solferino*, *la Liseuse* de Desmaisons, un torse de Bargue. Le modelé, la fraîcheur, le ressort de ces beaux dessins ont été religieusement respectés. Mais ce sont les chromolithographies qui ont la faveur du public: elles sont vives, naturelles. Ainsi ces fac-simile d'aquarelles de Gavarni, que le maître n'a pu distinguer de son œuvre originale; ces costumes et scènes d'Orient, de Preciozi, d'un coloris si chaud, si vigoureux (ces morceaux sont fait en cinq couleurs, à cinq tirages); ces plafonds, ces palais persans dont la contemplation mène au pays des roses et des rêves; ces miniatures des *Évangiles* de Jean Fouquet, qu'édite Curmer; ces tableaux de sainteté, et ces planches de minéraux faites pour *la Vie Souterraine*, publiée par MM. Hachette, où l'on voit au naturel les cuivres et les fers dans leur gangue, où rayonnent l'émeraude, la topaze, les rubis, et le diamant! La couleur et les poudres métalliques y ont produit des effets surprenants: en moyenne, chaque planche a demandé onze couleurs et six poudrages, et la feuille in-8° n'est revenue qu'à 83 centimes. On en tirait quatre à la fois, toutes les quatre pareilles, dessinées par le moyen des reports. Sans les poudrages, il aurait fallu dix-sept impressions.

Il n'est assurément pas sans intérêt de savoir quelle limite sépare le domaine de l'impression typographique de celui de l'impression lithographique en couleur. Cette question se pose devant les épreuves si vives, si pures de M. Silbermann et celles de M. Lemercier. L'un et l'autre ont donné des planches au *Manuel de peinture* de M. Morel. La chromolithographie les fournissait à 6 francs le cent, un sujet à la feuille. Elle disposerait maintenant, par report, deux sujets à la feuille et tirerait la rame de 500 feuilles pour 25 francs, c'est-à-dire à 2 fr. 50 le cent. La typochromie est meilleur marché encore, mais elle ne fait pas aussi bien, et les demi-teintes ne lui sont pas accessibles comme à la pierre travaillée par le crayon. A tirage d'égal mérite, 2,500 exemplaires d'une planche à dix couleurs coûtent 1,000 francs en typographie, et en lithographie 1,300 francs; il y a donc encore une différence. La lithographie la fera sans doute bientôt disparaître, grâce à la machine, et même elle pourra produire à meilleur marché, sans avoir nécessairement besoin de gros tirages, car un report de planches comme celles du *Manuel de peinture* ne lui revient qu'à 2 fr. 50 c., tandis qu'un cliché en métal revient à 25 francs à la typographie, et n'a pas la même finesse. C'est à la chromotypographie à se tenir sur la défensive. Nous avons dit tout ce que M. Silbermann a déjà fait pour elle depuis 1824, enlevant à l'Allemagne, la vieille patrie des impressions en couleur (1), le marché de la France. Qu'il étende encore le cercle de ses applications (2) et cherche surtout à corriger le « plat » de l'aspect des couleurs typographiques.

La lithographie produit depuis quelque temps de petits ouvrages dont le fond a été gravé sur acier à l'aqua-tinta; le coloris est mis au moyen de la pierre. Le premier qui ait fait de ces vues est M. Bagster, de Londres.

Nous ne parlons pas des « gradués », genre d'impression d'un seul coup, de plusieurs couleurs qu'on a disposées sur le rouleau dans l'ordre où elles doivent toucher la pierre et se

(1) Albert Dürer a fait de la typochromie.

(2) Les imprimeries ordinaires ont eu quelquefois l'occasion d'imprimer en couleur et s'en sont bien tirées. En 1843, MM. Schneider et Langrand exposaient une [illegible] *de Saint François* [illegible] vingt-huit couleurs.

transmettre au papier ; le chemin de l'avenir n'est pas de ce côté. Les reports et la machine s'en sont emparés.

Le report ou transport a frappé l'attention, quand on s'en est servi pour reproduire des pages de vieux livres et des livres rares tout entiers avec leur couleur et leur physionomie. Senefelder n'avait pas laissé cette partie de son art sans y mettre la main, et en 1820 il le prouva ; mais jusque vers 1833 et 1834 cette reproduction ne parut qu'une affaire de curiosité. MM. Delarue et d'Aiguebelles s'en occupèrent avec persévérance, et il y eut un moment où on dut créer à Paris un journal de textes et de dessins, que les reports lithographiques permettraient de copier dans toutes les capitales du monde. M. d'Aiguebelles est celui qui fit faire le plus de progrès à la découverte, mais, peu après, les frères Dupont la perfectionnèrent et la rendirent vraiment pratique. M. Paul Dupont, cette année encore, a exposé, nous l'avons dit, des reproductions de vieux diplômes près de périr sous l'action du temps. On réussirait également bien dans d'autres ateliers, et M. Lemercier, pour lequel la lithographie n'a point de secrets, offre même de faire ces transports et ces impressions à très-bon marché, au moyen de la photolithographie.

Du reste, il est à remarquer combien les procédés de tout genre se lient les uns aux autres : trouvés un jour, oubliés, repris. La lithographie, en 1810, servait à imprimer les étoffes ; on ne l'emploie plus à cet usage. Elle servait déjà alors à dorer la porcelaine (1) ; il y a là de l'analogie avec les enluminures lithographiques de M. Dupuy par la « décalcomanie ». On lithographiait très-bien sur toile cirée, à l'Exposition de 1834. Alors aussi le zinc avait été substitué à la pierre avec un certain succès, principalement pour les écritures. Le principal avantage des planches de zinc était, avec leur peu d'épaisseur et de poids pour le transport et le maniement, la souplesse de leur contexture, qui ne se brisait pas comme la pierre le fait

(1) La lithographie produit maintenant de très-jolies empreintes en couleur sur porcelaine et à très-bon marché. (Voir les Rapports de la classe 17.)

souvent sous la presse. Mais, encore une fois, c'est l'emploi du report d'un dessin quelconque, soit fait à la main, soit imprimé sur papier, qui a donné à la lithographie le moyen de produire beaucoup et à bon marché. Rien ne lui est impossible, avec ce procédé si simple. Avec le papier « autographique », le feuillet de l'album d'un voyageur va de lui-même se dessiner sur la pierre, et ensuite s'imprime sans difficulté. Pour le coloris, il suffit de découper le modèle en autant de dessins qu'il y aura d'endroits touchés par telle ou telle couleur, et d'imprimer les reports ou les couleurs l'une après l'autre avec un exact ajustement, ce à quoi le cadre à repérage a pourvu depuis longtemps.

On peut graver en creux sur la pierre, et c'est ainsi qu'opèrent en partie les écrivains lithographes, c'est-à-dire le plus grand nombre des ouvriers employés par la lithographie, mais pour les affaires de commerce seulement ou pour des plans et des cartes. L'encrage et l'impression diffèrent alors. On grave même des dessins, surtout en Allemagne, où la patience ne fait pas défaut, mais il n'y a pas d'avantage marqué à employer cette gravure.

Si nous n'avons pas en France beaucoup d'établissements aussi vastes, aussi bien conduits et aussi complets que celui de M. Lemercier, nous possédons un grand nombre d'habiles artistes. Les tirages en noir de M. Bertauts, de M. Bry, de M. Becquet, sont dignes de grands éloges. M. Hangard-Maugé, qui travaille pour l'Angleterre et qui édite lui-même une description de Notre-Dame de Chartres, a exposé des chromolithographies excellentes. Son genre est le vitrail de la vieille église gothique. On ne saurait faire mieux ni avec plus de goût. Les chromolithographies de MM. Engelmann et Graff frappent par leur air germanique et l'éclat de leurs couleurs. M. Th. Dupuy, avec des coloriages à transporter sur verre, a exposé des imitations de peintures qui sont très-adroitement « torchonnées, » pour nous servir d'un mot du métier.

Les étiquettes lithographiées en couleur sont traitées en France avec beaucoup d'esprit et d'élégance. Ce genre occupe une notable partie de nos ouvriers. Il y a lieu de louer les étiquettes si variées de M. Nisson, et, à côté d'elles, les papiers de fantaisie, déjà cités, de M. Guesnu, qui doit se servir à la fois de procédés lithographiques et de procédés typographiques. Il y en avait d'incomparablement jolis, à fleurs, à flammes, à ramages.

Nous ne serions pas justes si nous ne reconnaissions pas le grand mérite de quelques-uns des lithographes étrangers. En Angleterre, les Brooks, les Hanhart, les Rowney, les Dickes, les Day, les Maclure, les Baxter, les Mansell, les Spiers, les Brown, et d'autres qui n'ont pas exposé, produisent, nous l'avons dit, des ouvrages plus brillants que nous pour la couleur et d'un air tout à fait national. Leurs aquarelles sont admirables. Ils n'y font pas de petites économies. Ce qu'après tout nous ferions peut-être aussi bien avec un tiers de tirages de moins, ils y mettent vingt, vingt-cinq pierres, mais c'est qu'ils ont leur vente faite d'avance, et, en France, on manque d'acheteurs pour les grands morceaux.

Il n'y a évidemment pas d'impressions anglaises en noir à mettre à côté des nôtres. Les dessinateurs des Anglais travaillent la pierre avec plus de soin peut-être, mais nos imprimeurs sont plus artistes que les leurs. Ce serait en Allemagne que nous aurions plutôt des rivaux. Le noir y est imprimé avec un sentiment que les Anglais ne connaissent pas, et, en couleur, on y fait l'imitation de vieux tableaux, à vingt-quatre, à trente pierres au moins, aussi bien que nous, mieux même, parce que ce genre est bien accueilli du public riche. La Prusse en avait peu exposé, mais MM. Hölzel, Zamarski, Paterno, dans la section autrichienne, ont envoyé des épreuves bien remarquables sous tous les rapports. Il y avait aussi des lithochromies assez bien faites, dans les sections de la Belgique, de la Suisse et de l'Italie. Nous en avons déjà parlé.

CHAPITRE IV.

GRAVURE SUR BOIS.

La gravure en relief sur bois dépend de l'impression typographique. Elle en accompagne les caractères, elle en orne les pages, et leurs œuvres unies sortent ensemble de la presse, passent ensemble sous le cylindre de la machine.

Dans la section anglaise de l'Histoire du Travail est exposé un petit cadre contenant six vignettes de l'illustration d'un *Esope*. C'est l'œuvre de Thomas Bewick, qui naquit en 1753 et mourut en 1828 ; Bewick est le restaurateur de l'art de la gravure sur bois qui, inventée dans les Flandres vers le commencement du XVe siècle, peu après le papier de chiffe, fut la mère de la typographie et décora longtemps ses premiers ouvrages, mais peu à peu fut délaissée, et enfin, au commencement du XVIIe siècle, ne servait plus qu'à former de grossières images pour les Bibliothèques bleues de nos campagnards. Bewick commença à graver sur bois ses dessins en 1775. Son *Esope* est de 1816. L'ouvrage le plus important qu'il ait exécuté est l'*History of Quadrupeds* (Newcastle-upon-Tyne, 3 vol. in-8°, 1815-1820). Il est intéressant aujourd'hui encore d'étudier ces premières gravures de la Renaissance. Les élèves de Bewick furent nombreux, et bientôt aussi adroits que leur maître. Parmi ces élèves étaient les deux frères Thompson. L'un d'eux, le moins habile, vint, encouragé par M. F. Didot, s'établir en France, où déjà Papillon avait essayé de relever l'art, et non sans succès.

Thompson exécuta beaucoup de gravures, qui furent très-goûtées pour leur nouveauté même, mais, contrairement à ce qu'on a l'habitude de dire, il n'ouvrit point d'atelier, eut peu d'influence, par conséquent, sur ceux de nos artistes qui cherchaient dès lors à rivaliser avec les Anglais, et ce n'est qu'à la fin de sa vie qu'il forma deux ou trois élèves qui n'ont pas eu de réputation. Ni Brevière, ni Porret, ni MM. Andrew, Best et Leloir n'ont reçu de ses leçons.

Le secret de Bewick et l'origine de la rénovation de la gravure sur bois, c'est qu'au lieu de tailler avec un canif le bois de poirier dans le sens du fil, il le tailla au burin dans le sens contraire, ou debout. Depuis, on a employé le buis au lieu du poirier.

Brevière et Porret firent de même et réussirent. MM. Andrew, Best et Leloir, jeunes alors et pleins de zèle, dépassèrent bientôt Thompson. M. Best, qui a conquis depuis sa réputation d'artiste, était dessinateur et graveur. Ses associés et lui faisaient à la fois du bois, de la taille-douce, de l'eau-forte et de la gravure en relief sur cuivre. En travaillant le bois, ils inventèrent successivement tous les outils dont nos ateliers sont pourvus, et c'est de France que les Anglais eux-mêmes tirent aujourd'hui les leurs. Les fortes tailles de l'ancienne gravure sur bois ne pouvaient donner des effets doux ; il fallait ensuite que l'imprimeur luttât, au tirage, contre la dureté et les aspérités du papier. La pâte uniforme du papier mécanique et la régularité des machines à imprimer ont facilité l'exécution du tirage, mais d'abord c'est à l'outillage si bien entendu de nos premiers graveurs que l'art dut ses moyens nouveaux.

Porret n'a pas continué de graver. Brevière avait le burin net et une grande conscience dans la traduction du modèle. Il a reproduit pour l'Imprimerie royale, dans l'*Histoire des Mogols* et le *Livre des Rois*, des dessins orientaux qu'il était fort difficile d'exécuter avec succès. De son atelier sont sortis quelques bons élèves, entre autres, MM. Dujardin et Hébert.

C'est à l'atelier de MM. Andrew, Best et Leloir que se sont instruits presque tous les dessinateurs et les graveurs en renom depuis quarante ans. Il a formé au moins trois cents élèves, dont une partie sont allés ouvrir des maisons dans les divers pays où fleurit l'imprimerie. Rendue à la vie en Angleterre, la gravure sur bois a pris ainsi tout son développement au milieu de cette école, et c'est chez nous que depuis longtemps elle produit ses œuvres les plus belles.

L'Allemagne ne s'occupa du bois qu'après l'Angleterre et la

France. Du moins, les essais des deux Unger, de Berlin, et de Gubitz, qui leur succéda, ne furent pas très-heureux. Ces graveurs n'arrivèrent jamais à la grâce, au modelé, et ne formèrent pas d'élèves habiles. Si, dans les premiers temps, nos imprimeurs de Paris leur demandèrent pour leurs livres de petites vignettes dont on retrouve même les clichés en province, c'est parce que nos graveurs français étaient encore peu nombreux et que, dès le commencement, ils avaient visé à faire des dessins plus importants que des fleurons ou des culs-de-lampe. La gravure en relief sur cuivre, qui est fort ancienne, leur paraissait aussi toujours digne de leur étude.

Avant de pousser loin l'art de graver sur bois, on avait essayé de se servir de la gravure en relief sur pierre. Dès le temps de la République, Duplat avait inventé quelque chose d'analogue au procédé appelée depuis « la tissiérographie », du nom de son inventeur, et il s'imprima un *La Fontaine* avec des dessins ainsi produits, mais cette gravure sauvage ne put se soutenir à côté des traits si fins du bois taillé au burin. Duplat eut beau améliorer ses dessins sur la pierre mordue en relief, pour les concours ouverts en 1806, en 1808 et en 1810, par la Société d'encouragement, qui voulait susciter des rivaux à Bewick, s'il obtint le prix la dernière fois, ni lui, ni Bougon, son concurrent, ne donnèrent rien de pareil à ce que peu après produisirent MM. Brevière, Porret, Andrew, Leloir et Best. (1) Ceux-ci en étaient venus à exporter des clichés de leurs bois dès 1830. Ils continuaient de graver le cuivre, moitié à l'eau-forte, moitié au burin, et fournissaient ainsi, avec leurs bois, d'heureux reliefs typographiques pour les sujets d'histoire naturelle. Il en est qui ressemblent à de la taille-douce de telle sorte qu'on peut s'y méprendre, et jusqu'en 1840 et 1845, les éditeurs en ont beaucoup demandé. Mais le progrès de la

(1) Il y avait à Paris, à cette époque déjà, un graveur de talent, M. Lacoste, qui a fourni aussi une longue carrière. M. Godard, d'Alençon, avait commencé dès longtemps la série de ses travaux exacts et minutieux, si distingués dans l'ornement.

gravure sur bois est devenu tel que le bois a été employé seul depuis pour l'illustration de tous les ouvrages destinés à un grand débit, et cela surtout quand le clichage eut permis de se procurer des types solides et en aussi grand nombre qu'on le pouvait désirer. (1)

La création du *Magasin pittoresque* et de deux ou trois autres recueils semblables (l'ancien *Univers illustré*, la *Mosaïque*, et le *Magasin des Familles*, qui a survécu), inaugura l'ère de la prospérité de la gravure sur bois.

Une révolution s'opérait alors dans le tirage des ouvrages illustrés, car, pour qu'ils se vendissent à bon marché et fussent prêts pour la vente à heure fixe, il avait fallu employer la mécanique. La première machine qui ait imprimé la gravure sur bois en France fut montée pour le *Magasin pittoresque*, elle venait d'Angleterre et était encore en service il y a peu de temps. Tant qu'on s'était servi de la presse à bras, le tirage avait été assez facile, et toutes les préparations de la mise en train étaient connues; mais, sous la machine, l'imprimeur avait tout à inventer pour que l'encrage fût bien fait, que les clairs et les ombres gardassent leurs proportions et donnassent sur le papier l'effet obtenu par l'artiste sur son épreuve au fumé. Le succès ne s'obtint pas sans peine.

Les Anglais commençaient d'abord leur mise en train sur le bois. Avant qu'il fût fini, on voyait ce que l'impression produisait, et on achevait la gravure en conséquence. En France, on ne fit pas de mise en train du tout ; le bois était imprimé sans précaution et s'écrasait aux endroits délicats, mais personne encore n'était bien difficile. Cependant le besoin de bien faire inquiétait non-seulement les artistes et les graveurs, mais aussi les ouvriers mécaniciens. Deux d'entre eux ont mérité

(1) Le cuivre en relief sert encore pour certaines spécialités, telle que l'histoire naturelle. Par exemple, pour un sujet d'un ton gris sur lequel il y aurait des mouchetures à reproduire, le cuivre est fait commodément avec l'emploi du vernis de graveur, tandis que le bois exigerait des réserves, c'est-à-dire bien plus d'ouvrage et de temps.

qu'on garde le souvenir de leurs efforts heureux. L'un est M. Joseph Wintersinger, celui des dix-neuf ouvriers de l'association Lacrampe, qui fut chargé de tous les bois chez Everat et ensuite contribua à la réputation des tirages de la maison Claye et Taillefer. Il imagina de placer à l'appui du bois une carte plus ou moins creusée aux endroits où il fallait ménager les tons, et s'exerça à produire ainsi les teintes et les demi-teintes du modèle, mais la machine écrasait encore ce carton. L'autre inventeur de la mise en train mécanique est M. Aristide Derniame, qui, en 1838, a conçu l'idée de la « machine en blanc » usitée pour les tirages riches, et qui a rendu d'autres services encore à l'impression typographique. Il était mécanicien chez Decourchant, où s'imprimait la *Mosaïque*, commencée chez Rignoux. Attentif, docile aux conseils des artistes, il améliora bien vite les tirages confiés à ses soins, par un système de découpages et de hausses en papier gommé appliqués aux bois. Son premier dessin remarquable est l'image de deux cygnes, l'un blanc, l'autre noir, dont l'exécution donna de la confiance aux gens du métier. En voyant ce morceau, ils sentirent que désormais, avec la machine, on pourrait produire tout ce qu'avait obtenu la presse à bras, et en effet on traite maintenant la mise en train d'un tirage avec toutes les gradations d'ombre et de lumière possibles, l'estompe, la brosse à la main pour ainsi dire, et l'ouvrier, après l'artiste, est devenu peintre. Avec les cartons de Joseph, on tirait au plus 3 ou 4,000 exemplaires d'un bois; avec sa méthode, M. Derniame arriva bientôt à tirer 150,000 épreuves d'une *Vue de la colonie de Mettray*. M. Best, pour l'*Illustrated News*, de Londres, a fait des tirages de 250,000 sur le même bois qui, après avoir été tiré encore à plus de 50,000, a pu être cliché et servir, sous cette forme, au nouvel *Univers illustré*.

L'art à présent, ce n'est plus de faire blanc ou noir à volonté : le secret en est connu; c'est de faire juste encore plus que saisissant, et tous les imprimeurs ne savent pas toujours que la beauté, c'est la justesse plus que l'éclat.

On le voit, le procédé anglais (c'est ainsi qu'en 1849 encore le Jury de l'Exposition qualifie la taille bois debout), était devenu bien puissant entre les mains de nos artistes et de nos ouvriers. Aussi l'on vit alors naître de beaux livres. M. Curmer se signala au premier rang des éditeurs de goût de l'époque. Il a quitté le bois pour la chromolithographie, mais c'est alors surtout qu'il mérita sa réputation. On était plein d'ardeur et d'initiative ; on ne ménageait rien pour bien faire, et M. Curmer, pour le citer encore, afin d'être sûr de ses noirs, les fabriquait lui-même.

La galvanoplastie, en donnant le moyen d'éterniser en quelque sorte les dessins découpés du bois, a ôté à la gravure en relief sur cuivre l'avantage de la durée, et diminué de ce côté les travaux de nos graveurs ; mais, en facilitant le transport des dessins, elle a ouvert à nos beaux morceaux les marchés de l'étranger, et si l'on n'imprime plus autant chez nous pour les nations rivales, ce qui se fait encore cependant, on leur vend beaucoup de clichés français.

L'exposition de M. Best offre des gravures de tous les genres : ici c'est avec l'eau-forte, là avec la lithographie, ailleurs avec la taille-douce qu'elles luttent. Au delà de cette exécution si souple, si fine ou si hardie, on se demande ce que l'on trouvera le moyen d'inventer.

Il faut être du mé[illegible]e pour apprécier les difficultés du tirage des planches exposées par notre école ; mais la meilleure preuve du mérite de nos graveurs français et de nos imprimeurs (car ici c'est de l'impression que l'on traite), c'est que les étrangers font encore faire à Paris leurs plus beaux tirages de bois gravés, comme il arrive qu'on y envoie imprimer les lithographies toutes dessinées des artistes les plus jaloux d'être bien interprétés au tirage.

La France seule a fait une exposition de gravures sur bois. Il faut ouvrir les livres des éditeurs anglais ou allemands et visiter les galeries des beaux-arts pour trouver les œuvres des imprimeurs qui, à l'étranger, sont en quelque réputation. Sans doute il y en a d'expérimentés, mais point de capables d'avoir, comme M. Claye, imprimé l'*Histoire des Peintres*, ou, comme M. Mame, la grande *Bible* de 1866 (1).

Que nos imprimeurs, toutefois, n'aillent pas croire que le chef-d'œuvre d'une impression, c'est l'image d'un noir miroitant sur lequel le jour glisse et qui éblouit le regard. Les gravures de nos dessinateurs à la mode ont habitué à forcer les tons, souvent pour masquer un dessin faible. D'ombres en ombres on n'a plus cherché qu'à produire, sur un papier glacé à outrance, la plus véhémente intensité de l'éclat métallique. Il convient de rentrer dans la justesse et dans l'harmonie, autrement on n'aurait bientôt plus besoin ni de savoir graver, ni de savoir dessiner, et le tour de force aurait tué les délicatesses de l'art. Les éloges exagérés de quelques-uns de nos critiques d'art ont failli compromettre ainsi nos artistes et nos praticiens par l'abus de leur habilité même, mais le goût, heureusement, commence à reprendre son empire.

Il n'est pas, d'ailleurs, dans la destinée de la gravure sur bois de jouer absolument le premier rôle dans l'imprimerie. La gravure sur acier, nous l'avons dit déjà, vient avant elle. Avec la faculté qu'elle a d'imiter au besoin quelques-uns des effets de l'acier, d'imiter aussi les effets de l'eau-forte et de la plume, qu'il suffise à la gravure sur bois d'être elle-même, d'être le moyen le plus aisé et le plus rapide de répandre les images, comme la typographie est le moyen le plus rapide de répandre les pensées parmi les hommes.

La gravure sur bois peut s'imprimer en couleur (2), mais il sera toujours plus simple de recourir aux reliefs de métal

(1) L'atelier de gravure sur bois de M. Mame est dirigé par un artiste dont le nom est très connu, M. Quartley. Nous en citerions bien d'autres, si nous nous occupions du mérite artistique des gravures.

(2) En 1855, M. Bouchon a exposé une *Vierge* faite au moyen d'un bois décomposé en cent soixante-seize pièces.

pour cet usage, et de décomposer le dessin général en autant de clichés qu'on le voudra. La nature du bois est de ne point se détailler et de s'imprimer en noir avec ses effets particuliers de coloris.

Un des emplois de la gravure sur bois ne pourrait-il pas être l'impression de la musique sur clichés galvanoplastiques?

CHAPITRE V.

PROCÉDÉS DIVERS DE GRAVURE ET D'IMPRESSION.

Les impressions faites au moyen de la gravure en creux exigent des procédés de tirage et une main-d'œuvre qui sont plus lents et coûtent plus que les impressions faites typographiquement; c'est à obtenir des gravures en relief de la finesse et de la rigidité la plus grande que tendent les recherches des inventeurs. La rigidité dépend de la matière employée, et il n'en est pas qui l'emporte sur le métal, le cuivre et surtout l'acier; mais l'emploi du métal est nécessairement dispendieux par lui-même, surtout quand il faut passer par le travail des matrices creuses et des clichés en relief formés galvanoplastiquement dans ces matrices.

Graver en relief sur pierre n'est pas un travail difficile, et on vient de voir que, dans les premiers concours de ce siècle, c'est sur la pierre lithographique que l'on chercha d'abord à imiter la gravure sur bois des Anglais, procédé repris vers 1840 par M. Tissier, et qui, au moyen du polytypage, donna des résultats d'une certaine valeur. Les hachures croisées du dessin y étaient particulièrement bien produites, mais on ne pouvait avoir le trait délié du bois.

Dans les impressions extrêmement fines, comme celles des billets de banque, les Anglais et les Américains n'ont pas trouvé mieux que de se servir de la taille-douce pour les dessins, du tour à guillocher pour tracer des lignes que l'on ne pût obtenir par le report sur presse ou sur métal, et de la couleur pour défier la photographie. En France, nous imprimons les billets de banque sur des reliefs d'acier, repérés avec un soin extrême, et obtenus galvanoplastiquement par M. Hulot, à qui l'on doit les types sur lesquels se tirent les timbres-poste (1) et les cartes à jouer (2). Il a su l'un des premiers, et mieux qu'aucun autre, reproduire en relief des planches de la plus fine taille-douce. Son système, connu déjà depuis plusieurs années, a remplacé avantageusement le système de Perkins qui, sur un acier trempé et gravé en relief, imprimait une molette d'acier non trempé d'abord, trempé ensuite, et dans lequel un nouvel acier non trempé recevait l'empreinte du modèle.

La lithographie est parvenue, pour les titres d'actions industrielles, à procurer des fonds très-variés et inimitables, sur lesquels on imprime typographiquement les légendes nécessaires. Quelques-uns de nos graveurs les impriment toujours sur des reliefs de cuivre qu'ils gravent à l'eau-forte et au burin avec un talent singulier, comme MM. Wiesener et Minster, le premier réclamant, nous l'avons dit déjà, l'honneur d'avoir avant tout autre appliqué la galvanoplastie à l'imprimerie. Cette gravure n'est pas autre chose que de la chromotypographie, puisqu'on fait deux ou trois tirages successifs en couleur, mais de la chromotypographie

(1) En 1856, on aura fabriqué 136 millions de timbres-poste. La fabrication se fait à l'hôtel des Monnaies, dans une imprimerie particulière, qui travaille non-seulement pour l'État, mais pour les colonies, pour la Grèce, etc.

Quant aux feuilles sur lesquelles ils sont imprimés, elles sont d'abord enduites sur toute leur étendue, sous une presse à cylindre, d'une encre blanche de sûreté dont la composition est secrète et qui empêche tout report du dessin sur une pierre lithographique. Les encres de couleur employées au tirage subséquent sont également préparées par des procédés secrets.

Le mille de timbres, tout gommé et pointillé de trous diviseurs, se vend 0 fr. 90 c.

(2) Les fabricants de cartes à jouer sont tenus d'acheter à l'État, qui les imprime lui-même, les bandes, les as de trèfle et les figures de chaque jeu, et en outre le papier sur lequel à leur tour ils impriment les points en couleur, au simple patron découpé.

poussée, quant au type d'impression, aux dernières limites de la beauté du travail.

Les artistes et imprimeurs de l'Allemagne ne sont pas sans mérite dans cette manière de travailler. Il suffit de rappeler ici les élégants ouvrages de MM. Giesecke et Devrient.

Pour les cuivres même, lorsqu'ils ont à supporter de longs tirages, il est avantageux de les reproduire galvanoplastiquement.

La galvanoplastie et le clichage, procédés bien différents l'un de l'autre, dont il a été déjà question à l'article des clichés typographiques, ont aidé merveilleusement l'imprimerie contemporaine. Veut-on, pour graver en creux, une planche d'un cuivre absolument pur et d'une rigidité extrême : la pile produit ces plaques choisies, molécule à molécule. A-t-on besoin de convertir un bois gravé en un relief plus durable ; on le moule avec de la gutta-percha, que l'on métallise avec de la plombagine, et dans laquelle on coule du métal en fusion, coquille soudée et bloquée ensuite comme une forme de typographie. Est-ce une gravure en creux qu'il faut mettre en relief ; un peu d'iode est passé sur la planche-modèle pour empêcher l'adhésion, et, dans le bain chimique, sous l'action de la pile, la copie s'y dépose avec une étrange netteté. Si l'on désire grandir ou diminuer un type, M. A. Martin a fait voir qu'il suffit de le mouler en gélatine, et, la gélatine se gonflant à l'eau, se resserrant à l'alcool, toutes les reproductions désirables sont permises d'une dimension à l'autre. La typochromie n'eût pas donné ses belles impressions, si la galvanoplastie n'eût procuré des clichés d'une justesse d'adaptation ou de repérage sans défaut. Elle regrave en creux, en relief, par une seule opération ou par deux, les cartes sur métal du dépôt de la guerre ; elle grave même directement, en supprimant les vapeurs nitreuses par l'emploi du sulfate de cuivre ; elle cuivre ou « acière » au besoin les zincs en relief employés pour les cartes, l'autographie, la musique. Et nous ne parlons point de l'héliographie, avec ses creux ou ses reliefs, suivant les manières d'opérer, laissant ces merveilles au domaine de la photographie; l'héliographie, qui date, si on y regarde de près, de quarante ans passés (1), et que M. Garnier a menée si loin ! D'autres procédés naissent ou vont naître en foule peut-être !

En 1819, une médaille d'or fut accordée au graveur Gonord pour un procédé qui lui donnait la faculté de tirer des épreuves d'une planche de cuivre, à telle échelle de proportion que l'on pût le désirer, sans employer d'autres cuivres, et en quelques heures. Comment se fait-il que ce procédé soit resté inconnu depuis, lorsque presque chaque année voit surgir une nouvelle manière de graver en relief ou en creux ? Il est vrai que la plupart ne sortent pas de l'atelier d'expérience.

Ainsi un journal américain nous apprendra tout à coup que l'art de graver est renouvelé, et qu'il n'y aura plus de limites au bon marché des impressions. Il suffit de tracer un dessin avec une encre spéciale sur des couches comprimées de craie fine, d'enlever la craie avec une brosse partout où l'encre ne la retient pas, et de silicatiser ce qui reste. Le type le plus solide est obtenu. Cela, c'est de l'année dernière, et la découverte est faite à New-York ; mais, en 1864, un journal français, *l'Invention*, décrivait un procédé de gravure à peu près pareil dont M. Mauchain est l'auteur : on n'a pas vu quels sont les résultats utiles de l'une et de l'autre invention.

Qu'est devenue « l'impression naturelle » des objets les plus délicats que l'Imprimerie impériale de Vienne offrait en 1855, et qui consistait à déposer la fleur, l'insecte, sur une planche de cuivre, à le recouvrir de plomb, à le presser sous un cylindre, à déposer galvanoplastiquement du métal dans le léger creux et même à décomposer le cliché en plusieurs clichés pour arriver à l'impression en couleur des modèles ? La « galvanographie » de ce même établissement ? On peignait avec de la

(1) Se rappeler l'épreuve ([illegible]) exposée par M. Niepce de Saint-Victor, et l'épreuve ([illegible]) dont parle M. A. Firmin Didot dans son rapport sur l'Exposition de 1851.

terre de Sienne broyée dans l'huile de lin sur une plaque de cuivre argenté : les couches variant d'épaisseur pour produire le clair et l'ombre dans toutes leurs variations, la pile peut, disait-on, reproduire ces creux et ces reliefs, et donner ainsi, sans autre travail, une gravure en taille-douce bonne pour l'aqua-tinta. Le procédé Émile Placet (décrit par *le Cosmos*, 1863) pour mouler en creux les reliefs de certains clichés photographiques ? Le procédé Persiani (1864) pour obtenir le creux ou le relief de tous les genres d'impression ? La « chrysoglyphie » (brevet F. Didot, de 1854), ou gravure d'un cuivre, verni et gravé à l'eau-forte comme à l'ordinaire, puis déverni et légèrement couvert d'or, puis d'un mastic inattaquable aux acides étendu sur la planche chauffée ? Le mastic ayant pénétré les creux, on enlevait l'or des surfaces planes à la pierre ponce ; le cuivre paraissait, sauf dans les traits que protégeaient le mastic et l'or. On faisait mordre, et l'on avait l'or en relief. Et l'invention de M. Deshayes (Exposition de 1844) qui, sans recourir à la photographie ou à la galvanoplastie, pouvait indéfiniment donner des répétitions de planches de cuivre gravées en taille-douce, pourvu toutefois que ces planches n'eussent pas plus de 1 décimètre carré? Tous ces procédés ont-ils disparu comme les neiges d'antan ?

On en a vu se produire un qui paraît durable, celui de M. Dulos : dessin à l'encre lithographique sur du cuivre ; dépôt électrique de fer sur les parties non encrées ; enlevage de l'encre par la benzine et mise à nu du dessin sur le cuivre ; dépôt électrique d'argent sur les traits creux ; versement de mercure sur l'argent, amalgame, relief ; alors, prise de l'empreinte au plâtre ou à la cire, empreinte qu'on métallise galvaniquement et qui devient matrice. On a au choix une gravure en creux ou une gravure en relief. M. Dulos a composé déjà, d'après son système, entre autres dessins, les types de timbres-poste orientaux.

Le plus simple et le plus communément pratiqué de tous les systèmes de gravure chimique est encore la zincographie, que M. Durand-Narat paraît avoir le premier découverte et appliquée, il y a une trentaine d'années, avant MM. Palmer, Gillot, et tous ceux qui depuis ont fait le transport en relief de creux ou de dessins quelconques.

La zincographie ou galvanoglyphie, ou paniconographie, n'est plus inconnue de personne. On y procède très-simplement. Une lithographie, une gravure, un dessin, de la musique, un autographe sont décalqués sur une plaque de zinc; sur l'encre on passe de la poudre de colophane qui solidifie, élève et protége les traits du report. Le métal est rongé ensuite chimiquement, et on a un relief typographique qui se prête convenablement au tirage et reproduit assez bien les objets dont l'image n'est pas d'une grande délicatesse. M. Gillot est, en France, le fournisseur le plus habituel des clichés zincographiques de nos imprimeries.

Deux procédés récents ont touché au zinc. MM. Delouche et Felmann écrivent sur la plaque avec une encre spéciale sur laquelle la pile dépose du cuivre, le reste de la surface étant couvert d'un blanc; une seconde action galvanique ronge le zinc autour du cuivre. M. Comte, de son côté, couvre sa planche de zinc d'un blanc d'aquarelle, sur lequel il dessine à la pointe douce. On verse du vernis, qui adhère aux traits. La planche est lavée alors, le blanc disparaît et on fait mordre. Le relief du dessin est bon pour l'impression.

Quelle que soit la commodité de telle ou telle de ces manières d'opérer, l'imprimerie n'en a pas encore tiré parti. Le zinc n'est pas un métal propre à des tirages fatigants, même lorsque les traits sont recouverts d'un relief de cuivre, et les clichés qui servent à la chromotypographie ordinaire, s'ils sont plus coûteux, sont d'un meilleur usage.

CHAPITRE VI.

IMPRESSION EN TAILLE-DOUCE.

Longtemps la gravure en taille-douce, c'est-à-dire gravée en creux, au burin, sur des planches de métal, a fourni les seules décorations des beaux ouvrages typographiques. La gravure sur bois et la lithographie lui ont disputé cet honneur depuis la fin du siècle, mais, à ce qu'il semble, elles ne peuvent la détrôner.

La photographie et les impressions en couleur ont néanmoins, depuis quelques années, bien diminué le débit des gravures en taille-douce. Les aqua-tintes, les mezzo-tintes et la manière noire seules ont conservé quelque faveur. Il semblerait que les belles estampes gravées n'auraient jamais dû perdre leur clientèle, car ce sont généralement des gens riches et des gens de goût qui mettent de ces morceaux dans leur cabinet et dans leur salon; mais la mode a été plus forte que le raisonnement même, et, au lieu d'acheter des gravures de maîtres qui gagnent de la valeur avec le temps, on a préféré se meubler de lithographies coloriées et principalement de photographies qui, les plus belles même, auront probablement perdu leur attrait dans quelques années.

Il n'y a rien au dessus de la gravure en taille-douce pour décorer un livre de luxe ou pour traduire en noir sur le papier une toile de peintre. On doit donc espérer que les amateurs ne l'abandonneront pas, et que, malgré la rigueur du temps, notre école de graveurs ne manquera pas d'élèves faits pour devenir des maîtres à leur tour.

M. Goupil qui, en France, est depuis quarante ans à la tête de notre principale maison de vente et de fabrication (soit dit le mot sans manquer de respect aux arts), déclare que depuis plusieurs années, il perd 40 et 50,000 francs par an à faire de la gravure. Félicitons-le de sa généreuse persévérance. C'est aux éditeurs de son rang qu'il appartient d'éclairer le goût du public, si engoué aujourd'hui de la photographie, qu'il achètera 6 francs la reproduction fugitive d'un dessin gravé ou lithographié, dont il aurait pour 2 francs la première image.

M. Goupil, qui aimerait mieux n'éditer que des gravures en taille-douce, a dû commander de nombreuses lithographies et se faire photographe lui-même. Il sort de ses ateliers de la rue Chaptal jusqu'à 400,000 épreuves chaque année. Mais nous n'avons à nous occuper ici que de la gravure, dont on n'a presque jamais parlé dans les rapports du Jury.

L'exposition de MM. Goupil et Cie est composée d'estampes dont les modèles ne sont pas à juger ici, mais dont l'exécution est irréprochable. Des imprimeurs d'élite ont tiré ces belles planches d'un ton si pur, et, à voir ce qu'ils savent faire dans cet atelier (M. Goupil possède neuf presses qu'il n'occupe qu'à ses propres éditions), et dans ceux de MM. Chardon aîné, Chardon jeune (la manière noire y est traitée remarquablement), de M. Salmon (l'ancienne maison Rémond), et de MM. Delâtre et Sarazin (pour l'eau-forte), on comprend que ni l'Angleterre, ni même l'Allemagne ne prétendent nous dépasser.

Les Anglais nous ont vendu et nous vendent encore des aqua-tintes qu'ils font très-bien, et les Allemands, quelques sujets de style, mais l'importation n'est rien chez nous à côté de l'exportation. Les genres courants sont, en taille-douce comme en typographie, mieux traités par nos rivaux, mais la belle gravure, celle qui est partout recherchée, vient de France, et nous sommes en très-grande partie redevables à M. Goupil de ces succès commerciaux. Il a fondé des succursales de sa maison de Paris à Londres, à Bruxelles, à la Haye, à Berlin, à Vienne, à New-York, et la vente de ces succursales entre pour les deux tiers dans les 2 millions et demi d'affaires qu'il fait. En 1848, quand la vie était devenue si difficile pour nos artistes. M. Goupil a réussi à leur ouvrir un marché, à leur créer un public en Amérique. Depuis 1827, de compte fait, il a versé dans leurs mains plus de 30 millions.

Comme imprimeur, il a monté son atelier sur le meilleur pied et y a installé de belles presses en acier tourné qui rendent le travail plus facile, plus sûr, plus prompt, et sur lesquelles les planches ne prennent pas de courbure.

En Angleterre, toutes les imprimeries sont fournies de ces presses, et le reste de l'outillage y répond ; de plus, les planches sont tenues dans un parfait état de propreté, et, dans presque tous les ateliers, il y a un homme chargé de les entretenir ; aussi la production est-elle moins lente et moins pénible que chez nous, au grand avantage de l'ouvrier. En Allemagne, le matériel est plus vieux, mais l'ouvrier n'aime pas à changer d'habitudes. C'est d'Allemagne que nous tirons nos plus beaux noirs. Quant à nos huiles et nos lainages, ils sont de bonne qualité.

L'impression des planches des *Évangiles* de MM. Hachette est faite chez M. A. Salmon. Ce sera un titre de plus pour cette maison, si connue par ses ouvrages artistiques. En 1867, MM. Chardon se sont montrés aussi habiles que jamais. L'exposition des eaux-fortes de M. A. Delâtre est l'une de celles qu'apprécie surtout un artiste ou un amateur.

Il se peut que la gravure en taille-douce voie une branche de production fertile naître pour elle dans les impressions en couleur (1) : ce travail occuperait les bras des ouvriers, qui n'ont que de plus en plus rarement à tirer de grandes estampes, et auxquels la vignette ne suffit pas. Ce qu'il y a en ce moment-ci de plus important à signaler dans ce genre

(1) On a imprimé la taille-douce en couleur dès le commencement de l'art, mais d'un seul ton. Depuis quelque temps, cette impression se fait en quatre et cinq couleurs juxtaposées et superposées. On est passé de l'aqua-tinte à l'imitation des aquarelles. M. Isnard-Desjardins a créé ainsi toute une industrie qui continue à prospérer.

d'imprimerie, c'est l'amélioration du matériel par l'abandon des presses de bois, fatigantes et infidèles.

CHAPITRE VII.

OBSERVATIONS SUR LA SITUATION DE L'IMPRIMERIE EN FRANCE.

§ 1. — Production.

Il y a en France environ 900 imprimeurs typographes, 800 imprimeurs lithographes, dont la moitié à Paris, et 150 imprimeurs en taille-douce, presque tous dans la capitale.

Le nombre des libraires français dépasse 4,000. En 1866, il a été publié chez nous 13,883 ouvrages (1); environ 35,000 lithographies, estampes, pièces de musique, etc.

Il est difficile d'évaluer avec exactitude la somme totale de cette production; mais en supposant, ce qui n'est pas, que chaque ouvrage soit tiré, en moyenne, à 3,000 exemplaires, on n'aurait qu'environ 40 millions de livres d'imprimés, et ce n'est encore qu'un livre par an pour chaque citoyen. Il en faut bien davantage.

La librairie française exporte maintenant, année moyenne, pour près de 20 millions de francs (2). En 1861, le chiffre de

(1) En 1867, il paraît 862 journaux à Paris, savoir :
Religion catholique, 58; protestante, 25; israélite, 2; instruction, 22; jurisprudence, 50; administration, 21; politique, 25; économie politique, commerce, 60; sciences médicales, 15; sciences naturelles, physiques et mathématiques, 40; agriculture, art vétérinaire, 20; horticulture, arboriculture, 13; art militaire, 11; marine, colonies, 13; histoire, géographie, art héraldique, 21; beaux-arts, théâtres, 57; architecture, 11; archéologie, numismatique, objets d'art, 17; chemins de fer, ponts et chaussées, mines, 21; journaux financiers, 21; technologie, science vulgarisée, 60; exposition de 1867, 11; journaux littéraires, 87; journaux de dames, des demoiselles, des familles, de la jeunesse, 33; modes, travaux de dames, 66; haras, courses, chasse et pêche, jeux, 20; franc-maçonnerie, 4; spiritisme, 9; bibliographie, 16.
Pour toute la France, 267 journaux politiques ou d'économie sociale, dont 63 imprimés à Paris, et 1,307 autres journaux, dont 703 imprimés à Paris.
(2) En poids, 2 millions et demi de kilogrammes.

l'exportation a été de 14,663,231 francs; en 1862, de 18,468,481 : en 1863, de 19,418,730; en 1864, de 20,150,000, en 1865, de 19,407,000; en 1866, enfin, de 19,295,000 fr., somme dont voici le détail : livres en langues mortes ou étrangères, y compris les almanachs, 1,028,720 francs; livres en langue française, 12,190,476; gravures et lithographies, 5,175,786; musique gravée, 359,795; cartes à jouer, 513,902 francs. Si l'on ne peut pas donner le chiffre exact de la production totale des impressions diverses en France, la statistique de l'industrie de Paris, faite en en 1860 par la Chambre de commerce, permet d'apprécier l'importance et la valeur des travaux exécutés à Paris.

A cette date, les branches de l'industrie comptaient :

Cartiers : 17 fabricants, 260 ouvriers; 1,839,400 francs d'affaires.

Écrivains et dessinateurs pour la lithographie : 183 maîtres et 153 auxiliaires; 907,050 francs d'affaires.

Éditeurs d'images et d'estampes (dont 243 coloristes et enlumineurs) : 204 maîtres, 768 ouvriers; 4,218,763 francs d'affaires.

Graveurs, fondeurs et clicheurs : 1° 15 patrons et 74 ouvriers ; 349,200 francs. — 2° 30 patrons avec 690 ouvriers, 2,213,100. — 3° 8 patrons avec 61 ouvriers ; 318,000 francs.

Graveurs en taille-douce : 158 maîtres, 139 ouvriers ; 951,400 francs d'affaires.

Graveurs sur bois et cuivre en relief pour la typographie (non compris les étoffes et les papiers peints): 44 maîtres, 109 ouvriers; 497,625 francs d'affaires.

Imprimeurs lithographes et en taille-douce (musique composée) : 367 maîtres, 3,210 ouvriers, 12,766,320 francs.

Typographes : 84 maîtres, 6,158 ouvriers; 31,833,720 fr. d'affaires (non compris les ateliers du *Moniteur* et l'Imprimerie impériale).

§ 2. — Conditions du travail. Salaires.

Question des femmes. — L'entrée des femmes dans les ateliers de composition a irrité les ouvriers typographes. Quels que soient les motifs qui aient déterminé les imprimeurs à employer des femmes, et quelques raisons qu'aient eues les ouvriers pour protester, dans la situation exceptionnelle de leur industrie, contre la concurrence qui leur est faite et qui, en leur enlevant de l'ouvrage, peut diminuer leur salaire, il n'en est pas moins incontestable que le travail de la composition est parfaitement dans les aptitudes des femmes. Tous les amis de l'humanité doivent applaudir lorsqu'un métier nouveau donne du pain à tant de personnes, que l'homme a souvent dépossédées de leurs occupations traditionnelles, et que, trop souvent encore aujourd'hui, il ne protége pas avec assez de courage et de fidélité, contre les souffrances et les dangers de la misère.

Aucune des objections élevées contre le fait et la légitimité du fait n'est assez forte pour résister à l'examen. Et le fait lui-même n'est pas, comme on semble le croire, une si récente nouveauté. La Convention avait organisé un atelier de composition où travaillaient des femmes. «C'est un travail de femmes,» dit Napoléon, après avoir vu les ouvriers de l'Imprimerie impériale le composteur à la main. En 1831, M. Rignoux essayait de former à Montbard un atelier de compositrices. Depuis 1839, au Mesnil, près de Dreux, MM. Didot ont habitué de toutes jeunes filles à la composition même du grec. Ce n'est pas d'aujourd'hui que M. Creté, attaqué en 1865 par les ouvriers, a commencé d'employer les femmes qui travaillent à ses jolies impressions, et qui sont maintenant au nombre de 100. En 1855, les femmes occupaient à Paris l'atelier de M. Delcambre, où on les attachait au service de la machine à composer, avec un salaire qui n'était que la moitié d'une journée d'homme, pour que cette machine produisît économiquement tous ses effets. Elles travaillent, à Coulommiers, chez M. Moussin, et ailleurs encore. En outre, en vertu de quelle loi et de quel droit peut-on l'empêcher? ou, du moins, quelle raison aura-t-on pour s'y opposer, le jour où le métier de maître imprimeur deviendra libre? Les femmes n'ont-elles pas plutôt à prétendre qu'il ne devrait pas y avoir des gantiers et des tailleurs?

On dit que les patrons ne les emploient que pour bénéficier de la réduction des salaires, qui est de 30 ou 35 pour 100. Cela ne pourrait durer; mais, dès à présent, dans son livre *une Imprimerie en 1867*, M. Paul Dupont déclare qu'elles sont payées chez lui exactement au prix des hommes.

A l'étranger, il en est de même. En 1860, il a été fondé à Londres (Great Coram Street) et organisé en grande partie par une femme, miss Emily Faithfull, une imprimerie, l'*Imprimerie Victoria*, où ne travaillent à la composition que des femmes. De bons ouvrages en sont déjà sortis, et l'établissement est en voie de prospérité. En Amérique plusieurs journaux sont entièrement composés par des femmes.

Mais le grand principe de la liberté du travail, qui veut que l'ouvrier ne chasse pas l'ouvrière de l'atelier où elle peut faire le même ouvrage, veut aussi que le métier d'imprimeur soit libre; autrement, les patrons et les simples compositeurs sont enfermés dans une arène étroite où leurs intérêts se heurtent, et de là ces tarifs qui n'existeraient pas dans le champ d'activité de la libre concurrence (1), mais qu'il a bien fallu conclure d'accord, pour que le privilége ne pût devenir une cause de misère pour l'ouvrier.

(1) C'est en 1834 seulement que les ouvriers ont résolu de demander qu'il fût stipulé un tarif pour la composition et la mise en pages des caractères. Il n'y a eu moyen de s'entendre que dix ans plus tard. Le tarif de 1844 a été revisé depuis, et, en ce moment même, il est question de modifier celui de 1862, qui est presque partout en vigueur à Paris. D'après ce tarif :

Le 11, le 10, le 9, le 8 de texte français, en réimpression, se paye à l'ouvrier, au mille, 0 fr. 58 c. — Le 13, le 12, le 7 1/2, le 7, 0 fr. 60 c. — Le 14, le 6 1/2, 0 fr. 65 c. — Le 16, le 6, 0 fr. 70 c. — Le 5 1/2, 0 fr. 75 c. — Le 5, 0 fr. 80 c. — Le 4 1/2, 1 fr. — Le 4, 1 fr. 25 c. Lorsque l'ouvrage à composer est manuscrit, le prix du mille de lettres est de 0 fr. 05 c. de plus pour tous les caractères. — Les corrections sont payées 35 c. l'heure. — La mise

§ 3. État légal de l'imprimerie.

Heureusement cette dernière barrière tombera bientôt. L'article 15 du projet de loi sur la presse, déposé en 1867 et adopté par la commission du Corps législatif, déclare libres la profession de l'imprimeur et celle du libraire.

Du nombre de 60, fixé en 1810, les imprimeries de Paris se sont élevées, en 1811, toujours par décret, au nombre de 80. On en compte 83 depuis 1859, à cause de l'annexion de l'ancienne banlieue. Est-ce assez d'ateliers, en somme, pour que l'ouvrier choisisse le lieu de son travail ? Est-ce assez d'instruments offerts à la pensée, qui veut être libre, et qui subit, au lieu de la censure directe d'un bureau de ministère, la censure préventive, souvent peu éclairée, toujours timorée, d'un imprimeur à brevet ?

La loi du timbre défend au philosophe politique, à l'économiste, de parler sans payer une taxe. Il est proclamé par le chef de l'État lui-même, qu'il importe de répandre les saines doctrines de l'économie politique (1), afin de dissiper les erreurs du socialisme, et cependant pour écrire contre l'égalité du salaire, contre la gratuité du crédit, contre toutes les illusions qui, à un jour donné, passionnent la foule, et font à la fin couler le sang dans la rue, il faut payer un impôt, à tant la feuille d'impression. Il semble qu'il devrait n'en coûter rien pour répandre la lumière.

en pages simple, sans titres courants, est payée pour l'in-folio de papier carré à une colonne, 1 fr. 25 c.; pour l'in-4°, 1 fr. 50 c.; pour l'in-8°, 1 fr. 75; pour l'in-12, 2 fr. 50 c.; l'in-16, 3 fr.; l'in-18, 3 fr. 50 c.; l'in-24, 4 fr.; l'in-32, 5 fr.

Les maîtres imprimeurs sont dans l'usage d'ajouter, sous le nom « d'étoffes » 50 pour 100 aux prix payés aux ouvriers. Ce surcroît représente l'usure des caractères, du matériel, le prix de la façon, des épreuves, de la correction, de l'encre. Le tirage des feuilles se paye à part.

(1) La loi s'est servi du mot « économie sociale » sans le définir, sans doute d'après l'adage d'une si médiocre philosophie : *Omnis definitio in jure periculosa.* On peut prétendre que c'est l'affaire des tribunaux de juger si l'économie politique est permise et si, dans tel ou dans tel cas, on est un sage

L'avenir améliorera sans doute les conditions d'existence de l'ouvrier typographe ; mais depuis longtemps, pour les raisons dont il vient d'être parlé et pour d'autres encore, la typographie ne fait que végéter. Les ouvriers ont le droit d'en gémir, et on comprend que, quelquefois, ils soient injustes dans leurs plaintes ; mais ils ne disent pas toujours toutes les causes du mal.

M. Claye, dans sa brochure sur la *Question du salaire des compositeurs*, a parfaitement établi que, si l'on décompose la masse des ouvriers typographes en quatre classes, d'après la nature même des travaux, et sans y comprendre les pressiers et les mécaniciens, qui ne peuvent se plaindre, les trois premières classes (hommes de conscience, journalistes, metteurs en pages) gagnent convenablement leur vie 6 et 7 francs par jour en moyenne[1], et que c'est seulement celle des compositeurs ordinaires ou paquetiers qui souffre. Ils ne gagnent que 4 francs l'un dans l'autre. Le mal ne vient pas de la mauvaise volonté des patrons, mais des conditions nouvelles dans lesquelles s'exerce le métier de l'imprimerie. Tout s'improvise

ou un agitateur. Mais les tribunaux ont jugé, et voici quel a été, le 30 avril 1858, l'arrêt de la cour d'Amiens :

« En droit, considérant que les expressions *Économie sociale*, du décret organique du 17 février 1852, ont une signification aussi étendue que possible ;

« Qu'en employant, pour la première fois, ces mots « économie sociale », alors que, dans le langage actuel, les mots « économie politique » étaient le plus souvent employés jusque-là, la législation de 1852 a évidemment entendu donner aux expressions nouvelles encore plus de portée et d'extension ;

« Qu'elles comprennent tout ce qui, dans l'industrie ou dans le commerce, se rattache aux intérêts généraux des populations, et que celui-là traite d'économie sociale qui compare une industrie à une autre industrie, un commerce à un autre commerce, signale leurs conditions d'existence, leurs avantages, leurs inconvénients, leur antagonisme, critique ou approuve, et, en vue de la masse des consommateurs, indique des réformes à introduire, pour rétablir un équilibre qui lui paraît troublé, et maintenir une protection qu'il réclame pour tous ;

« Qu'en discutant ces questions, l'écrivain met en regard chaque nature d'industrie ou de commerce, discute ainsi une thèse d'économie sociale et s'occupe d'intérêts généraux touchant à l'organisation de la société elle-même, etc. »

Tout est donc prohibé, s'il plaît au juge, même de soutenir que la prohibition, en matière de douane et d'industrie, est nuisible aux citoyens et à l'État !

maintenant. Il faut à la hâte composer un ouvrage que le plus souvent l'auteur écrit encore. La direction, le bon ordre de la composition n'est plus possible. Un jour on a trop peu d'ouvriers, le lendemain on en a trop quand le manuscrit manque, ce manuscrit qu'on appelle toujours « copie, » parce qu'autrefois personne n'eût envoyé à imprimer son brouillon, et qui, aujourd'hui, n'est jamais recopié, qui trop souvent est illisible. Voilà ce qui rend peu productives les journées de la moitié au moins des compositeurs. Mais ajoutons, pour que chacun ait sa part de responsabilité dans les inconvénients de la situation, qu'il y a, de l'aveu des bons ouvriers, plus d'un tiers des paquetiers qui sont d'une faiblesse excessive dans le métier. Que chacun ait le courage d'entendre et de dire la vérité : les ouvriers insuffisants qui, par ignorance, puis par un défaut de soin qu'on ne voit ni en Angleterre ni en Allemagne, gâtent l'ouvrage, sont la cause de la baisse ou de l'insuffisance du salaire moyen. Le mal serait moins grand s'il existait un véritable apprentissage dans la typographie, comme en Angleterre.

Maintenant il est vrai que, par la mauvaise organisation du travail des imprimeries, souvent le « paquetier » change de « casse,» c'est-à-dire d'ouvrage et de caractères, trois, quatre fois dans une journée. Les ouvriers ont demandé qu'il fût accordé une indemnité de 25 centimes toutes les fois qu'ils auraient à supporter ce préjudice, et même qu'on les payât à la journée lorsqu'ils ont à attendre la copie. Les maîtres imprimeurs ont répondu qu'ils n'y perdaient pas moins qu'eux, et qu'il était impossible, après avoir vu combattre la doctrine du droit au travail, de laisser s'établir celle du repos salarié. Nous n'avons pas à insister sur ces discussions qu'il était pourtant difficile de ne pas rappeler. On est fondé à croire, en définitive, que lorsque l'imprimerie sera devenue libre, la question des salaires deviendra moins épineuse. La discipline d'émulation exercée par les ouvriers eux-mêmes sur eux-mêmes fera bientôt partir des ateliers les ouvriers les moins capables, qui sont sans doute faits pour d'autres travaux. Or, avec des ouvriers d'une aptitude plus égale, la typographie française, une fois émancipée, n'a aucune rivalité à redouter.

Il s'ouvre de nos jours, pour l'instruction publique et pour les délassements de l'esprit, une carrière dont la perspective s'étend à l'infini. L'imprimerie est appelée à y jouer un grand rôle. Aucune industrie n'a reçu du genre humain une mission pareille ni un champ d'une plus vaste étendue pour y développer sa puissance. Dans ces circonstances, on peut croire que, si les deux industries de l'imprimerie et de la librairie sont rendues libres, il n'y aura pas de limites à leur succès et à leur prospérité.

www.ingramcontent.com/pod-product-compliance
Ingram Content Group UK Ltd.
Pitfield, Milton Keynes, MK11 3LW, UK
UKHW031924260826
14628UKWH00003B/1406

9 782013 695572